数字时代的教学求变

——西南交通大学教师在线教学研究与探索文集

苏谦　崔凯◎主编

西南交通大学出版社
·成都·

图书在版编目（CIP）数据

数字时代的教学求变：西南交通大学教师在线教学研究与探索文集 / 苏谦，崔凯主编. —成都：西南交通大学出版社，2021.5

ISBN 978-7-5643-8024-3

Ⅰ. ①数… Ⅱ. ①苏… ②崔… Ⅲ. ①网络教学－教学研究－高等学校－文集 Ⅳ. ①G642-53

中国版本图书馆 CIP 数据核字（2021）第 078735 号

Shuzi Shidai de Jiaoxue Qiubian
——Xinan Jiaotong Daxue Jiaoshi Zaixian Jiaoxue Yanjiu yu Tansuo Wenji

数字时代的教学求变
——西南交通大学教师在线教学研究与探索文集

苏 谦 崔 凯 / 主 编

责任编辑 / 李华宇
封面设计 / 曹天擎

西南交通大学出版社出版发行
（四川省成都市金牛区二环路北一段 111 号西南交通大学创新大厦 21 楼 610031）
发行部电话：028-87600564 028-87600533
网址：http://www.xnjdcbs.com
印刷：四川煤田地质制图印刷厂

成品尺寸 170 mm × 230 mm
印张 13.75 字数 203 千
版次 2021 年 5 月第 1 版 印次 2021 年 5 月第 1 次

书号 ISBN 978-7-5643-8024-3
定价 68.00 元

编委会

主　编： 苏谦　崔凯

副主编： 李箐　王蔚　梁慧颖

参　编： 崔健　金雁　唐秀军　宋海涛　代宁　李琦　沙静馨　彭俊　陈晓　马晓盈

前　言

星霜荏苒，岁月不居。距离新冠肺炎疫情突袭，全校师生和衷共济、同心抗疫，第一次全员开展在线教学已近整年。习近平总书记在 2021 年新年贺词中总结道："我们以人民至上、生命至上诠释了人间大爱，用众志成城、坚忍不拔书写了抗疫史诗。"了不起的每个人都是伟大抗疫精神的铸就者和实践者，包括疫情中坚守教学岗位、"停课不停教"的每一位教师。

当今世界正经历百年未有之大变局，国际环境日趋复杂，新一轮科技革命和产业变革加快重塑世界。随着自然物与数字物的相互交融，世界进入了以数字技术作为运行规则的数字时代。万物数字化，一切都建立在电子信息的基础上，信息传输高速便捷，海量数据资源化并在网络空间集聚，物理空间拓展到虚拟空间，复制性、即时性、高效性、动态性、倾向秩序性等时代特征尽显。在这样的背景下，全球高等教育也在经历深刻变革，该如何以新的教育形式，培养学生适应并引领未来社会发展的能力，教师们一直在探索。

新冠肺炎疫情冲击挑战了原有的教学生态，影响了正常复课。"明者因时而变，知者随事而制"，习近平总书记强调，要"既善于积势蓄势谋势，又善于识变求变应变"，"必须准确识变、科学应变、主动求变"。推动新时代教与学发展，必须适应时与势的变化。于是，全员线上教育兴起，这种因时为法、随事而制的变革能力，让我们每一所学校都攻坚克难，化危为机并昂扬前行。教师们充分发挥积极性、主动性、创造性，迎难而上、主动作为，如教育部陈宝生部长所言，全国教师面向 2.8 亿名学生开展了一场大规模在线教育实践，有效实现了"停课不停教、不停学"，为中国特色的复学复课、为打赢疫情防控阻击战作出了重要贡献。西南交通大学教师也是其中的一分子，他们锤炼了主动求变的胆魄，用自己的教育教学行动促使信息科技辅助教学释放新动能，把握了发展的主动权，在经历风雨中成长，在应对挑战中发展。

回首抗击新冠肺炎疫情的日子，在学校党委的坚强领导下，学校适应新形势，应局而动，加强对高等教育面临挑战的分析研判，作出了完善的线上教学方案。线上教学开展初期，老师们迷茫过，忐忑过，焦灼过，教务处和党委教师工作部（教师发展中心）识变应变求变，面对教学场域的变化，深入探索“互联网＋教育”“智能＋教育”新形势下教师发展工作模式与方法，通过编写在线教学指南、开展系列云端讲坛、动员各学院教学共同体交流研讨等举措，持续赋能教师能力提升。老师们陆续登场，进行了线上教学初体验，逐渐在数字时代游刃有余地应对新型教学环境，在求变应变中产生了许多宝贵的心得与经验。我们相信研讨出智慧，“战‘疫’师说”专栏应运而生，老师们探讨交流、相互启迪、共同提升发展的园地和平台由此搭建。该专栏表达了“与您在一起”的陪伴，为老师们提供了坚定的教学支持。他们将在线教学的思考实践付诸笔端，阐述数字时代教学求变、实现教育高质量发展的体悟，对于如何立德树人、优化教学设计、改革教学模式、激发学生学习动机、深化学习效果有了系统深刻的认识。

老师们从问题出发，针对线上教学集体活动缺失和学生学习孤独感增强等症结，运用多元教学方法，实现知识点的有效供给；观察聆听学生，促进学生自主探索，发掘问题，建构知识并进行内化和迁移，促使学习高效生发。有不少老师发现，教学中应体现技术适度原则，技术只是辅助手段，教学重心应是教学模式的选择、教学设计和教学过程的实施、教学资源的统筹和教学活动的组织，这一切，直击教学的核心和本质。

老师们体认到，线上教学使作为学生的这一代网络原住民在自己地盘上表现得自信与自如，他们尝试与学生从形式上建立“联系”到实质上建立“连结”。他们认为，教学是在学生心中播下种子，应能够促进学生的高阶层认知，培养学生在未来合理决策的思维方式以及获取知识和掌握技术的能力。在这样的课堂，学生积极参与，教学相长，师生共创优质教育内容。

这里有对数字时代教学形态和教育教学的理性思考，有关于教学理念意识转变的阐述，有如何实现以学为中心教学的探索，有对教师角色定位的分析，有加强爱国教育和生命教育等课程思政内容的有机融入，有优化教学设计进而实施有效教学建设的路径，有教学模式创新的探究，有对教学过程的全方位还原，有充满创意的教学实践，有及时链接各种教学资源的尝试，有重视对学生反馈的感悟，有推进教学学术的努力，有师生线上互动的宝贵留存，还有对伟大抗疫精神的致敬……大家用教与学感受着这场战“疫”进程中的中国力量、中国精神和中国效率。

后来，35则抗“疫”故事成为交大师生共克时艰的教学记录。一篇篇教学心得，对校内外在线教学建设起到了示范引领作用；一则则教学故事，传递着特殊时期动人的力量。老师们应用信息技术的内生动力被激发了，他们主动适应信息化、人工智能等新技术变革，在恢复正常教学秩序后，也孜孜运用“互联网+”技术有效开展混合式教学。

西南交通大学党委书记王顺洪对学校教师寄予厚望，希望老师们讲政治，依靠组织，依靠学校，在复兴交大中成长成才，成就大业，实现人生价值。校长杨丹指出，学校高度重视并加快推进教师的发展成长等惠师强师政策，加快一流教师队伍建设。校党委副书记桂富强给学校教师的希望是：做发光有电心热的老师，怀着对教育对学生的一颗赤子之心，为党育人，为国育才。副校长冯晓云勉励老师们葆有教学热情，做好科学研究，不断增加教学的厚度和广度，站稳三尺讲台。党委教师工作部（教师发展中心）和教务处也将一如既往，为人才培养和师资队伍建设提供高质量支撑。

艰难方显勇毅，磨砺始得玉成。在教育部擘画“十四五”期间高质量教育体系的关键时刻，我们将老师们的“教学求变”文章集结出版。这本书是老师们积极探索数字时代教育教学方法、不断提升教书育人本领的写照，您会从中读到积极乐观、坚毅创新，相信会给高校教师同仁以启发。

期待每一位老师在教书育人的路上能够收获一路风景，实现立德树人根本目标，不断创造更加灿烂的辉煌。

编　者

2021年2月

目录

教学模式流程再造：应变

特别记录全面梳理：复盘

时代特征理性思索：识变

数字新青年的养成：从数字生活到终身学习

公共管理与政法学院　杨一帆　潘君豪

突如其来的疫情正在重塑习以为常的课堂教育和学习生活。

对于“90 后”“00 后”这些数字世界原住民来说，从一出生便伴随着信息科技对世界的颠覆性创新和变革。他们对外界环境抱持更加开放的包容态度，喜爱跨界碰撞的文化表达。兴趣是他们探索世界、了解新事物的原动力。但他们也是“矛盾体”：既积极地憧憬未来，好问多思，又对未来的不确定性存有更多的焦虑和不安。数字时代，焦虑不再只是低教育人群等传统意义上数字弱势群体的标签，那些早已习惯网购、共享等数字生活的新青年也同样面临着未来沦为“无用阶级”的压力，害怕自己被时代淘汰，因此时刻充电、零散学习成为他们的必然选择。

2019 年，被行业公认为是“付费自习室”终身学习模式的元年。随着众多国外在线课程、短视频演讲等媒介的悄然走红，国内一大批如大学慕课（MOOC）、可汗学院、樊登读书会、喜马拉雅、抖音、微信订阅号、百度百家号、今日头条等线上平台也如雨后春笋般蓬勃发展。“一张屏幕改变人生”的效应在数字科技的放大下愈加明显，变得越来越包容可及，也使得“教育”与“被教育”、“生产知识”与“消费学习”之间的边界越来越模糊。

疫情的突然到来，让很多人惊呼线上教育的大时代来了。但其实并非疫情创造了这种需求，而只不过是疫情迫使我们把线上教育变成了显性刚需。其本质是，通过 5G、AI、物联网等信息技术手段，将个人完全的学习主动权和一定程度的教育资源配置权下沉到最广大的学生或者说分散到教育消费者手中。普惠化的数字教育科技和数字新青年的生活经验交汇在一起，让象牙塔教育开始走向“无围墙”的社会校园。学生们更有机会在更加开阔的场域中，自由选择什么时候学习、以什么方式学习、向谁学习、与谁一起学习。多元化对这一代数字新青年来说显得轻车熟路，课程互动只需点一下手机就可以了，而不再需要克服心理障碍。但对早已习惯传统模式安稳教书的老师们来说，则实在是极大的挑战，讲授者对课堂教学的权威甚至垄断正在瓦解。

面对学生拥有的“用脚投票”的底气和“假装在线”的机会，尽管少数仍受传统观念支配的教育管理者还有权力扎紧口袋，可以通过频繁的考勤、留痕、蹲点和调取后台数据等监督方式来衡量学生的课堂参与程度和老师的敬业程度，但一部分教师却突然真实地发现，当自己面对的屏幕和一个个头像窗口鸦雀无声时，竟然无法再如过往那样轻松地“拉拉家常”“混混时间”和“视而不见”了。

网课新时代，动摇的自信无情地倒逼教师端或者说大一点的教育端，形成新的真正有效的高质量教育供给。套用网络时代的一句名言，“导向为魂，内容为王，创新为要”，将来唯有自觉打造一个一个昂扬向上、独一无二、鲜活生动的教学 IP，才能回应数字新青年们日益增长的对美好学习的向往。即便分数仍然是影响学习主观意愿的重要短期因素，但能否真正习得在未来起决定作用的思维方式，获得抓取知识和掌握技术的能力，才是终身学习的价值所在。个人的喜好、感兴趣的知识，以及同周遭世界建立起连结，进而获得自我认同，正在超越学校的要求和父母的期许，成为更加内驱的能够真正调动学习动能的本源性力量。

时代在变，教育教学的形式也在变，而课堂存在的本质属性并未改变。打造个性化课堂，融入新时代元素，如趣味逻辑引导出的课堂互动模式、多元文化背景下的丰富教学内容、独立人格基础上的独特价值观等，也就自然而然地成为网络时代教师们的“必然习得”。在最表层，直观体现在教师的语言风格、互动形式、授课内容种类、仪态教态等。在故事层面，课堂内容要紧贴大事小情、于青萍微末处讲好故事，从小切口引导大家看到大问题，发人深思。在价值层，教书育人的根本除了必要的专业知识以外，还要让学生感受到真实世界中如利益、公益、理性、情感、正义、推理、真相、伦理、道德、批判等的真实存在。

近期清华大学公共管理学院梅赐琪老师在 8 000 多人线上公开课“不

完美的公共管理”中三度泪洒讲台，成为学生心目中的新晋“网红”，就是个鲜活的例子。梅老师以本次新冠肺炎疫情应对为例，不仅引入生动的投票设计，成功地调动上千学生实现了线上互动，还引导他们探讨了对行政管理体系的合理期待，让学生领略到“治大国如烹小鲜”其实大不易的公共治理命题，更引发了他们关于“举国体制”“制度优势”“公众参与”“社会预期”“舆论监督”的持续思考。

虽然大规模且高质量的在线教学，对于绝大部分老师来说，仍然是前所未有的挑战，但这不是一道选择题。唯有主动应对、尽早融入，才能争取主动。随着互联网的不断发展，教育工作者一方面必须牢牢把握“传道授业解惑”这个教学的最核心要素，坚守传播正能量、发挥引导作用的基本定位；更要尊重数字新青年的时代特质，躬下身来潜心做好教学的“内容升级”，把过去只能由少数人或专家生产内容的模式转变为由学生积极参与的、教学相长的不断生产优质内容的新模式，从而实现在价值观与知识传播道路上、生命周期终身学习旅程上的“融为一体”“合而为一”。

限制即创新

——教学场域变化的思考

地球科学与环境工程学院　郭永春

“限制即创新。”

这句话是在Aha社会创新学院的一次群岛教育观影活动中听到的。影像介绍了一位在偏远地区的年轻老师在教学困境中进行教学创新，开展有效教学的事例。听到这句话后，很受启发，把它当作了自己进行创新的指导思想。

新型冠状病毒肺炎疫情的突然出现,使得学习的场域从学校转向网络。教学场域的突变，使得学生和教师的面对面交流受到限制，教师和学生通过网络平台进行连接，保持教学活动的持续进行。在教学场域的限制中，学生、教师、教学管理者、教育技术提供者充分发挥创造性的智慧，形成了多样化的网络实用教学形式，为有效教学提供了保证。依托网络学习平台，教师们实现了传道、授业、解惑、立德、树人的社会责任；学生承担了传承人类知识、造福人类社会的历史使命。

一、直播讲授式

依托各类网络教学平台，各位老师精心设计，把家庭当作讲台，耐心细致地讲授学科知识。如超星、智慧树、腾讯课堂等直播平台，提供了丰富的直播功能，如PPT分享、屏幕分享、视频播放、视频连接等多种直播形式，为各种类型的教师和学生提供了多样化的选择。同时，在直播时，可以签到、发言、提问、测验、讨论等教学手段，丰富了课堂中师生之间的直接和即时交流。丰富的教学辅助功能，为教师直播提供了便利，同时对学生来说，也是一种全新的体验。

直播讲授时教师可以出镜也可以不出镜，重要的是教师讲课信息实时传播，学生通过直播平台实时接收学习，实现了线下课堂教学的实时传播特征。直播讲授式要求教师和学生有共同的时间约定，有时间限制，对于学习时间有差异的学生而言，略有困难。由于学生不用直接面对老师，有的学生觉得更轻松，避免了面对教师时的学习压力。

二、录播学习式

录播学习式是教师首先借助各种录制技术以及直播课堂的录制技术，将需要讲授的课程知识提前录制完成，依托各个教学平台发布，供学生随时学习，避免时间上的限制。笔者熟悉的如中国大学 MOOC 平台、超星课程平台、智慧树平台等，这些教学平台提供了丰富的在线课程资源，可以满足部分教师教学需要。尤其值得说明的是中国大学 MOOC 平台提供的异步或同步 SPOC 课程，为缺少在线课程资源的教学提供了直接使用的便利。使用既有 MOOC 资源的教师可以根据本校课程的实际需要，在课程结构的基础上进行调整，具有较大的灵活性和便利性，使学校能及时开设在线网络课程，保证了有效教学秩序。这些较为成熟的教学平台不但提供了录播课程的传播，还结合教学原理，提供教学大纲、学习任务、课程测验、考试、讨论等环节，使录播学习成为一个系统的学习过程。

录播学习方式，教师和学生不直接沟通，学生可以根据自己的学习时间进行学习，学生学习的自由度增加。没有听懂的地方可以反复观看，为学生的学习提供了便利。教师依托 MOOC 平台，在前期准备的基础上，只要完成在线解答学生的问题和作业批阅等教学任务即可，教学平台提供了丰富的教学信息统计功能，解决了教师对学生成绩整理的部分工作。由于 MOOC 平台学习者的数量较多，除去客观题系统自动批改外，需要教师批改和整理的部分任务繁重，需要在今后的教学设计中进行适当的调整。

三、在线研讨式

在线研讨式是借助各种面对面网络会议平台，教师和学生共同在线进行研讨式的教学活动。在线研讨的特征是通过 ZOOM 视频会议、腾讯视频会议等在线云视频平台，教师和学生可以基于网络直接面对面，围绕共同关心的内容进行实时研讨，基本实现可在学校教学研讨的情境。更宽泛意义上，在线研讨式可以是视频连接，可以是语音连接，也可以是在线文档连接。总之，通过在线研讨的方式，教师和学生可以依托网络平台进行及时的交流与沟通，基本上实现了线下面对面沟通交流的学习场景，这也是在线研讨式教学的优势之处。

在线研讨平台，尤其是在线视频会议平台，参与者需要视频展示，对网络需求较大，容易导致卡顿等现象，限制了交流的流畅性。老师们通过调整参与者视频开放数量，通过声音和语言进行交流，保证在线研讨交流的流畅性。学生们总体对视频在线不太适应，或者是不愿意打开视频，会尽可能地减少视频在线，但总体上，当教学研讨需要时，适当数量的视频在线是可以保证的。教师们在教学实践中，总结出了实用的网络在线研讨学习模式，保证了在线研讨式学习的效果和效率。

四、自主学习式

自主学习式是教师依托网络平台进行教学设计，将课程的教学大纲、教学计划完全提供给学生，使学生明确每一讲课的学习目标、学习任务、课堂练习、课后作业等学习环节。如笔者使用的超星学习通平台，在教师建课时，就从教学设计的角度，为教师提供教学设计框架支持，如教案、章节安排、课堂测验、讨论、视频、文献阅读等教学辅助功能。关于超星学习通平台的特点还需要强调的是超星图书馆功能和扩展阅读功能。超星学习通平台通过超星图书馆链接，提供了丰富的图书资源，学习者可以在超星学习通平台免费阅读课程参考资料，基本解决了学习者缺少教材的难题。超星学习通平台的扩展阅读功能，则为学习者提供课程主题的知识图谱，为学习者提供更加广泛和深入的知识链接，辅助学习者的深度阅读与深层学习。

通过超星学习通平台的课程建设，一套完整的教学计划和教学大纲就成为学生学习的路径和学习指南。学生根据教学大纲，结合自己的学习特点，能够在限定的时间内完成相关的学习任务，老师对学习任务进行点评和讲解，给学生及时反馈，指导学生进行有效的学习。超星学习通平台提供的学生学习数据的后台统计功能，使得教师和学生都能够及时到自己学习进化的轨迹。

五、独立学习式

独立学习式是指学生所在地区网络较差，甚至只有在当地的空旷地带才能接收到网络信号，学生和老师之间无法有效地沟通。教师只能给学生提供基本的学习资料，给学生提供适当的学习建议，鼓励学生独立学习。

独立学习是现有的网络学习和学习者生活环境的局限性造成的。恰好是“限制即创新”思想的体现。笔者在这学期的课程中就遇到了这样一位学生，只有在老家山顶上才有手机信号。在有限的条件下，学生学习态度积极，及时调整自己的学习方式，完成课程学习任务。笔者通过 QQ 群给学生提供了课程教学大纲和学习参考资料，学生根据教学大纲，自己学习，按时完成了学习任务。

这个案例也说明，经过多年的学习实践，学生是具有充分的学习热情和独立学习能力的，在有限的条件下，是能够独立进行学习的。可以预见，经历过这样的学习经历，当学生回到学校时，将会对自己的学习方式进行及时的调整，进行更有效的学习。因为他意识到了，学习只能在学习者身上发生。

六、自由学习式

信息科学与计算机技术的发展，使得教学场域从学校转向了社会，从教学转向了自学。世界范围内大规模在线开放课程（MOOC）的开展，可汗学院、万门大学、TED 演讲、网易公开课、腾讯课堂等在线开放学习场域的出现，正是自由学习的开始。

Aha 社会创新学院创始人顾远先生在《群岛教育年鉴》中提出了“学习在窗外、他人即老师、世界即教材”的“社会化学习”的理念，极大地拓展了自由学习的内涵和外延。“学习在窗外”是指打破学习的时空界限，使学习者意识到学习不仅是在学校，在生活中也时时发生。“他人即老师”是指打破学习的角色限制，学习者应谦虚向学，向任何人学习，教师也是学习者，也应虚心地向学生学习，向任何人学习。每个人都是学习者，每个人都是老师，相互学习，共同进步。“世界即教材”是指打破学习内容的限制，从生活出发，学以致用，将知识与世界连接解决世界的问题。

法无优劣，每种学习方式都有其适用的学习情境和场域。面对正在生成的未来，作为学习者的教师和作为学习者的学生，应学会学习，学会思考，选择适合自己的学习方式。面对正在生成的未来，教师和学生作为学习共同体，作为更广泛的意义上的学习者，应该一起面对挑战和限制，去开创更有活力的学习，使学习在学习者身上发生。面对正在生成的未来，每一位学习者应根据自身的需要，自由学习，终身学习，为天地立心，为生民立命。

浅谈线上教学中的师生情感交流

生命科学与工程学院　万军

突如其来的疫情使得线上教学成为主角，现代化的网络保证了学生们居家也能继续学习，远在四面八方的学子们能够聆听老师的讲授，遨游在知识的海洋里。但是，在线上教学的过程中，如何把握师生情感交流是教学的关键，激发和调动学生心理活动，让学生积极参与到学习中，保证有效的高质互动是摆在教师面前的新课题，尤其对没有上过网课的老师们更是一个极大的挑战。经过几周的线上教学，笔者有以下三点粗浅的体会。

一、关注学生的心理情感

每一个学生都渴望被关注、鼓励、表扬，所以教师只有了解学生心理状态，才能有效完成教学目标。面授教学中，老师可以直接看到学生的情绪变化，双向交流更为容易。而在线上教学，一旦学生失去兴趣，教学管理极易失控。因此，我们课程组在线上教学前，对学生学习风格和前期基础课程掌握情况进行了摸底，发现 42.5%的同学属于聚合型学习风格，擅长解决问题和做决定，喜欢通过阅读书籍和文献来掌握信息。因此，在教学设计中增加了开放性课题设计项目。

教学过程中，除了主讲老师对在线上积极互动的学生及时鼓励，课程组其他老师也同时关注回应那些“一闪而过”的发言。线上教学因为没有面对面时表情的辅助功能，交互过程中对语言有更高的要求，避免命令式语言，多采用对话式、问题式，让学生以良好的心态参与到学习中来。

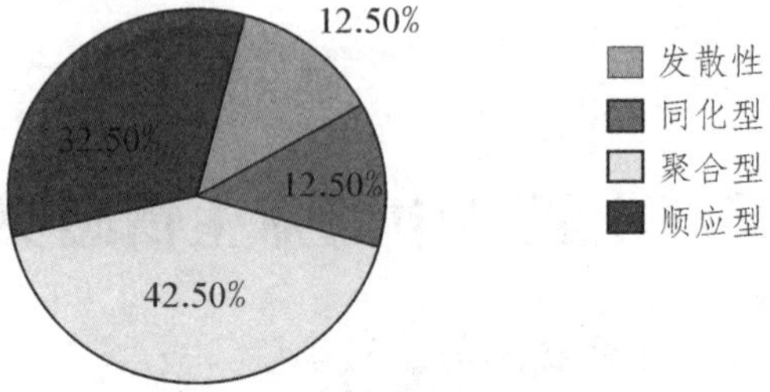

图 1　学习风格测试结果

二、激发学生的学习热情

教师在线上教学同样需要强烈的职业信念感。课堂教学中，同学会意的眼神、微笑都是对老师的肯定。而线上教学时学生回应有限，如果生硬或强行互动，会使得学生抵触，教师疲惫。线上教学对教师的“控场”能力也要求更高，要想学生有学习的热情，首先要调整好自己的心态，把饱满的情绪展示给学生们。

培养学生对专业的热爱，杜绝“口号式”的教育。将教师对专业的热爱自然而然地渗透到学生心中，以实例感染学生，“随风潜入夜，润物细无声”。例如此次疫情中，在讲述环糊精包合技术时，引导学生针对抗新型冠状病毒有效但溶解性较差的药物，可考虑采用环糊精包合技术，既可以解决水溶液中溶解性差的问题，也可提高药物稳定性。

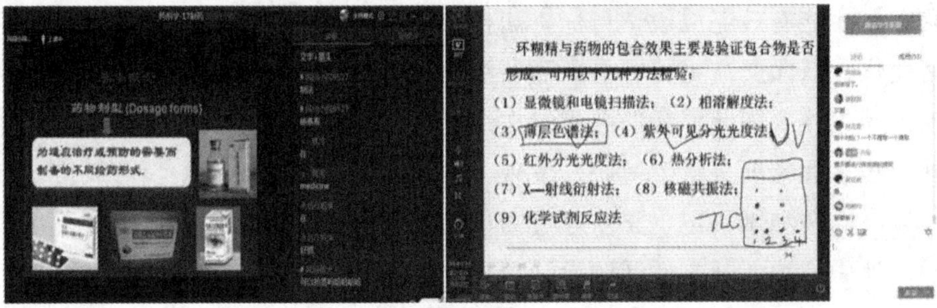

图 2　讲解环糊精包合技术

网上有丰富的教学资源，但应避免生硬照搬。教师应提前整合教学内容，自我消化后再创作，融入自身的风格，体现教学意图，传递情感，而不是简单的网络资源搬运工。学生感到老师讲课有吸引力，就会跟着老师的节奏开拓思维。否则学生就难以坚持听下去了，特别是在“居家学习”这种考验自制力的时候。对于教师而言，备课要比面授课堂更辛苦、更用心，才能让不在视线中的学生真正投入学习中来。

三、课后及时“复盘”

线上教学后，我们会第一时间检查教学中是否存在没有讲到位的地方，是否存在需要改进的问题。回看学生全程发言，寻找学生兴趣点，对忽略掉的提问进行补答，重点关注长期沉寂的同学，侧面了解原因，结合学习风格，下次课提供适合其性格特点的表现机会。重视课后辅导群，及时解答学生问题，持续让学生感受到教师的情感关怀。

四、结　语

线上教学是师生都要重新适应的教学方式，要达到良好的教学效果，需要师生的共同努力。教师在教中学，在教中调整方案，让师生不能相见犹如见面。网上教学时间还不长，教学方法还有待进一步改进和完善。

附：特殊时期，线上教学有感而发。

疫中学

中华大地疫情急，全民参战抗毒侵。
交大师生报国恩，网络课堂学海拼。
卡顿掉线急煞人，静心处理师德心。
师生虽然不相见，同心协力渡难关。
激情满怀道教程，为人师表不怠倦。
学子家中受教忙，满腔充盈报国情。
前方捷报喜讯传，病魔消亡终有时。
待到举国回春日，师生欢见庆胜利。

危机时刻的网络教学

人文学院　余夏云

“名家名篇与人文关怀”本以“关怀”为要务，但过去的重心乃在于细讲名篇，疏通纹理，而缺少必要的升华点染。去年病毒凶恶，文学何用，又成考验，因此，决心再做调整和探索。翻检资料，睇见哔哩哔哩（简称B站）上台湾大学欧丽娟教授讲评王维“来日绮窗前，寒梅著花未”一句。她说，王维羁旅在外，旷日持久，而今遭逢故知，本该内心翻涌，无限关心，但万转千回之下，却意外舍大取小，不痛不痒问一句“寒梅著花未”。

人世巨变叵测，王维却在这细枝末节里找到光辉。弱水三千，只取一瓢。可取舍之间，已有大难。天使逆行，而你我宅家养肥。虽然高下立判，但未必意义全无。“一人睡觉全家光荣，全家睡觉精忠报国”。文学正是在这有意与无用之间投下吊诡的天机。课要改，改到生活里去，从字里行间纵身一跃，到网络的世界中，把那些没有生气的、平凡的琐碎都连缀起来。

于是，第一个工作便是再解读。“名家名篇”开课三载，历来鼓吹声望和名气，但归根结底不过是人与字。因此，不必高人一头，索性都退回来，退到人间的琐碎与不堪上。想到黄仁宇。大家尽知他的名作《万历十五年》，读或未读，大抵都有揣想：1587必然关键，可其实，英文原书竟赫然标榜*A Year of No Significance*。

无足轻重却要大费周章。黄仁宇卖了一个大关子。关子不难解，学理上是解构，哲理上是生命不能承受之轻，就看你敢不敢承认鸿鹄之志而外，我们的际遇里也多只是碎屑与不堪。毕竟这是生命的常态，食色性也，吃喝拉撒。那么问题来了，号称关怀的文学能否振衰起弊、纠偏补过呢？言外，文学何用？关怀何在？

于是，有了第二个工作——再解构。理论家布鲁姆，一壁大谈正典，一壁直言文学无用：它不造新人，也不改旧人。该恶的还是恶，该善的还是善。不过，他不是彻底的悲观主义者。于他，文学对己不对人，只帮助我们正视个体的孤独。而孤独是什么？

别人一往无前，你还敢于宽坐缓行。从前车马慢，一辈子只够做一件事。自我是在缓慢中培养的。唯有慢，你看得清周遭，识得清花草。陌上花开，可缓缓归。坐困愁城的当口，我们步幅放慢，是否更懂得生命的迫切？柏桦说，请人吃饭，是慢慢食；送人别去，是慢慢走。慢是祝福！所以，关怀者，唯慢而已。

解读与解构之后，“名家名篇与人文关怀” 的立意更明确，也更谦卑。只是不承想，这样的所得，起自大危难。我最喜欢《红楼梦》里探春去南方。那时节，精秀的儿女们业已沦亡，唯高鹗宽厚，让探春走出凋敝的园林，前去南方，那是大海的所在，要把希望的花朵带向广阔。网络教学是否也会是那个温柔和伤感所系的南方？未来的可能呢？且让我们拾花入梦，悄然以待吧！

课程思政深入探究：求变

停课不停学，育人先育心

——关于线上“教”与“学”的几点“修炼法则”

土木工程学院　张育智　赵灿晖

为应对突如其来的新型冠状病毒肺炎疫情，响应教育部“停课不停学”的号召，我校倡导全校师生积极开展线上教学，竭力将疫情对教学的不利影响降到最低。由于大部分教师和学生更习惯于传统的课堂教学，对线上教学并不十分了解，这给开展线上教学带来了不少挑战，也直接影响了教学效果。笔者结合本学期所授面向桥梁专业方向二年级硕士研究生的“组合结构桥梁”课程，同大家分享几点对线上“教”与“学”的认识，以期共同提升在线教学质量。

一、线上教学面临的几点问题

1. 学生状态的不确定性

采用线上教学，即使是直播，教师也无法实时观察所有学生的学习状态。在此种情况下，要确保学生能够跟上教师的思路，须要求教师加入比课堂教学更多的互动问题。这样既可以帮助学生保持精力集中，又可以根据学生的实时反馈及时了解学生的学习效果，从而调整教师讲解的内容与方式，提高线上教学效率。

2. 学生的互动性较弱

学生各自在家进行学习，相互之间的交流明显少于课堂教学。由此可能产生以下情况：

（1）学习孤独感增强。由于空间上的分隔，学生在开展线上学习过程中产生孤独感，尤其在学习中遇到困难的时候，如果不能得到教师和其他同学及时的关注、指导与帮助，很可能导致学习无法顺利进行，严重的还会影响心理健康。为了解决这一问题，一方面，教师应该正向引导学生，让他们感觉到老师和同学们的关心与关注；另一方面，教师应该提供更及时、便捷的答疑平台或通道，及时解决学生线上学习过程中遇到的问题，为学生树立学习的信心。

（2）集体活动的缺失。不在同一个课堂内，同学之间的交流变少，小组或集体活动的开展就成为一个大问题。这既不利于集体荣誉感的提升，又不利于团队协作精神的培养。为了解决这一问题，教师在讲课过程中可以采取分组讨论的方式让学生自主解决问题。首先，教师提出的一个较复杂的问题，先让学生独立思考几分钟后，把全班同学进行分组，让每组学生单独建群进行问题讨论，最后各组将讨论结果以录音或文字的方式进行展示。这样既锻炼学生的独立思考能力、与人合作能力，又可以发挥小组学习的优势——相互启发、自由发言、深入探讨。此外，此种方式也可活跃课堂气氛，以便让学生更积极地参与学习。

二、线上教学方式的选择

目前教师选择的线上教学方式主要分为直播和 MOOC（或 SPOC）+ 课堂答疑（或讨论）。

1. 直　播

直播的优点是：教师仍可以采用原来课堂教学的方式进行备课，只要熟悉直播平台的基本操作即可实施。

直播方式的问题有：

（1）要注意前述所讲的线上教学的特点，适当增加课堂问答互动与小组讨论。

（2）直播方式对师生双方的网络状态、直播平台的能力要求较高，从 2020 年 2 月中旬以来，随着全国大、中、小学陆续大量上线直播课程，导致多家线上教学平台出现严重卡顿、无法登录甚至瘫痪等问题。因此，采用直播方式开展线上教学最重要的问题就是直播平台的选择，一定要选择稳定性好、数据传输流畅的大平台。

（3）如果仅仅将传统课堂搬到网络直播平台上，则这种教学方式具有传统课堂几乎所有的缺点。最主要的有：采用同一步调进行教学而无法进行教学的“个性化”；课堂教学的即时性问题——如果学生因为各种原因在课上未能掌握教师传授的内容，课下再对相关内容进行学习则无法得到教师的指导（这一问题可以通过设置直播内容可以回看来解决）；课后学生独自进行难度更大的知识内化与迁移能力的培养，会因遇到困难时无法得到教师的及时指导而影响学习效果。

2. MOOC（或 SPOC）＋课堂答疑（或讨论）

这种方式的优点是：

（1）将教学视频等学习资料上传至学习平台，课前学生可以根据自身情况自定步调进行“个性化”学习。

（2）利用平台的统计功能，可以实现对学生学习过程的有效监督和把控（图 1）。

图 1　学生学习情况统计

（3）借助平台提供的信息处理功能，可以在课件中插入互动问题（图 2），让每个学生都感觉受到关注，从而在学习过程中积极参与知识的建构。

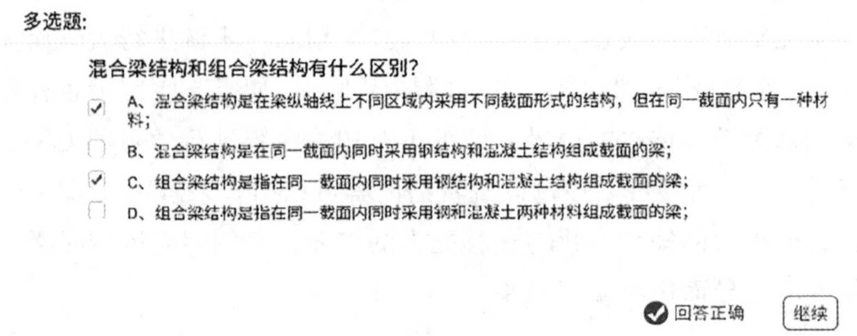

图 2　视频中插入的互动问题

（4）教师通过回答学生学习过程中遇到的问题的方式可以帮助学生对重要的知识点进行深入学习，实现对重点、难点知识的有效内化。

（5）充分发挥网络课堂这个集体交流的平台的优势，通过观看其他同学提出的问题，可以让同学相互学习，以此增进同学之间的交流，相互激励。

（6）而且还可以鼓励同学之间相互解答问题，锻炼学生独立思考、运用所学知识解决问题、表达与交流等多方面的能力。

这种方式的缺点包括：

（1）需要提前录制授课视频，且需要完成大量的编辑制作工作，投入的精力较多，最好采取团队合作方式进行课程资源的建设。

（2）由于知识传授过程是学生通过观看教学视频的方式完成的，因此师生之间、生生之间的互动较少且灵活性受限。

总之，选择在线教学方式时，一定要充分认识到所选择的教学模式的优点和不足，充分发挥优点的同时想办法克服其不足之处，从而实现最佳的教学效果。

三、线上学习的几点建议

前面都是从教师角度谈的该如何“教”，下面给同学们提几点建议，帮助大家如何实现高效的“学”。

1. 做好学习笔记

无论教师采用直播还是 MOOC（或 SPOC）+课堂答疑（或讨论）的方式，学生在学习过程中都要认真记笔记。笔记不是教师讲课 PPT 的简单记录，记笔记能够帮助大家紧跟教师的步调，理清教师讲解知识的思路，建立各个知识点之间的联系，及时记录学习过程中遇到的问题和闪现的灵感，便于课后复习。关于记笔记的工具，建议大家尝试"康奈尔笔记法"。

2. 积极参与互动

与个人独立学习相比，课堂教学最重要的意义是学习过程中有教师的指导和同学的共同参与。教师通过调动学生参与精心设计的教学活动，帮助学生实现知识的建构与内化，同时发挥小组学习的相互启发功能，让学生体验到小组学习的优势，锻炼自己团队协作的能力，并结合教师的指导，从而提高学习效率。

3. 课后"不掉链子"

课后认真复习，高效完成作业，并及时总结，对培养知识的内化和迁移、解决实际问题举一反三的能力大有裨益。思维导图作为一种结构化、图形化的思维工具可以帮助大家高效地完成复习和总结工作。

从心开始，整装再出发

——线上教学感悟

马克思主义学院　刘晓玲

疫情当前，为了“停课不停教”，教师们使出十八般武艺开始了线上教学。对于许多从未接触过线上教学的教师来说，疫情是挑战，也是全新开始的机遇。作为身处其中的一员，我发现一切的改变要从“心”开始。有志者事竟成，相信学生，相信自己，可以打破传统教学理念和教学方式，玩转线上教学。

一、线上教学初体验

犹记得第一次收到着手准备线上教学通知时的忐忑，线上教学“零”接触的我对未知的领域充满担忧。是否需要录制慕课？如何设计线上课堂？家里条件不足怎么办？面对屏幕和话筒会不会尴尬紧张？乃至直播有无滤镜等一系列问题都在心中不停盘旋。不过，没有迟疑，我开始每天在学院线上教学的筹备群里不断接收通知，紧锣密鼓地参加培训和学习，渐渐从混乱焦灼走向有条不紊，心中有数。在同事的带领与协同探索和试课之后，我最终选择智慧树和腾讯课堂作为线上教学的平台。

开课前一周，马克思主义学院各系室认真筹划，精心布置，在智慧树翻转课堂上构筑起内容丰富、形式多样的学习资源库，涵盖在线教材、专题教学大纲、主要内容、参考资料、视频资源、思考题目、作业与测试、问题与讨论、学习须知等内容。通过教务邮箱通知到每一位同学下载平台软件，加入课程，并成立课程 QQ 群，围绕学习计划、教学安排与同学们展开交流，及时回应学生关于线上学习的疑惑与困难。经过认真设计，课前测试，同事之间交流心得，讨论方案，我这个“小白”从最初的手忙脚乱渐渐可以在线上直播间与学生谈笑自如。

二、正式开课，打开新的世界

按照原定开学行课的时间，我和学生们如期在线上开展了见面课。智慧树的见面课能够很好地演示 PPT，播放音视频，开展直播讲解，对学生进行签到、问答和测试。同学们可以在平台上认真听老师的知识讲解，学习共享精品课，并通过 QQ 群及时反馈问题。不过由于集中访问，智慧树平台的运行有时会出现卡顿，甚至瘫痪，因此需要有备选平台，我和同事们都很好地使用了腾讯课堂作为支持。

第一周的正式见面课，令人意想不到的是学生积极参与互动的热情。每次发起的投票和抢答，都被同学们快速完成，抢不到的同学无限感叹太拼手速和网速，有同学戏称比双 11（双十一购物狂欢节）抢购还难。这么火热的互动场面，出乎意料，正如有一位学生所说：“不面对面上课大家都变得好积极，平时思政课和这天差地别。”课后我与同事交流，大家纷纷表示学生线上互动十分踊跃，如同打开了一个新世界的大门。这是这一代网络原住民在自己地盘上的自信与自如，网络化解了自我展示的需求和在众人面前表达压力之间的冲突。另外，在我的课堂，凡是抢答成功，举手上台发言会有相应的加分奖励，这种反馈激励能够激发学生的学习积极性与创造性。线上互动，一下子拉近了师生距离，老师不是高高在上，学生不是谨小慎微，更像是自由平等交流的朋友。

值得注意的是，在互动中要准确把握不同教学平台的功能和特点，根据互动的不同需求，选取不同的平台作为互动和及时反馈的手段。例如，智慧树具有详细与全面记录学生签到和互动情况的特点，能够精准显示未签到同学的姓名，每一位同学的投票和答题结果，可以及时发现缺勤学生和未跟上学习进度的学生，并作出提醒和指导。腾讯课堂的签到与答题则无法显示具体学生，只有总数据。而腾讯课堂可以实现学生举手语音互动，运行顺畅，能够弥补智慧树目前暂无学生语音功能的缺陷。鉴于 QQ 群实时通信的特点，公开性、讨论性的内容可以通过群公告、群聊天的方式及时联系到每一位学生，也方便在课程运行过程中及时查看和回复学生的提问。

三、致敬有心人

如果疫情是我们面临的残酷寒冬，那么可爱的人们犹如暖阳带来春的希望。在我的课堂里，有家里停电，为了按时上课跑到高耸入云的山峰寻找信号的你（图 1）；有家里没有 WiFi，询问是否需要将共享课全部学完，想节省流量，开学返校继续学习慕课视频的你；有生病住院却坚持说不能缺课，能听多少听多少的你；还有被大雨困在山中，到家已经下课了，前来询问补课的你……相信还有很多无数可爱的你们正在努力着，行动着。

图 1　在山上寻找信号的这位同学发了一个状态“谁的课桌有我的大”

为了给学生们打造线上思政课的“金课”，马克思主义学院的老师们克服各种困难，不断摸索教学，精心设计线上课堂。有的老师远在挪威，为了准时上课，需要早上 5 点起床准备开课；有的中年教师不太熟悉软件操作，耐心向年轻教师询问每一个模块的使用技巧；更多的交大教师则聚集在一个个线上教学交流群里，相互取经、相互答疑释惑，并肩作战，齐心协力保证教学任务顺利实施。

教学相长，贵在用心，我想线上教学除了思想意识上的转变、技术的掌握，还要善于运用各种方式方法，走近学生，倾听学生，及时反馈。不断引导学生积极参与，勇于表达自己的观点和想法，激发学生的学习潜力和创造力。

结　语

近日看到同事们拍摄的交大校园盛开的海棠和玉兰，让人无限羡慕那自由成长在校园的花木。2020 年的交大春天一如往常又不同寻常。向往能够早日回到校园的师生们正在“云端”创造一个精彩的世界。不由想起陶渊明笔下“东园之树，枝条载荣。 竞用新好，以怡余情。人亦有言，日月于征。安得促席，说彼平生”的美好画画。师生如同朋友一般，在课堂中平等互动，自由交流，碰撞出思想的火花，这原本就是教育者的追求。在这场战“疫”中，愿交大人都能守一份安宁，成就一段时光。

一个个战“疫”的云课堂，都是生动育人的思政课现场

——西南交通大学“坚决打赢疫情防控阻击战”第一时间进课堂侧记

西南交通大学“形势与政策”课 SPOC 教学团队
马克思主义学院何薇工作室

开学伊始，不可回避的是新冠肺炎疫情。怎样看待这场灾难，怎样才能与青年学子们的所思所想产生共鸣呢？

为了切实增强“形势与政策”课的教学时效性，桂富强副书记强调指出：抗击疫情是当前最大的政治、是头等大事，回应这个热点是职责所在。为了回应大学生关心的抗击疫情热点问题并答疑解惑，宣传党中央疫情防控的部署和大政方针，牢固树立“四个意识”，坚定“四个自信”，做到“两个维护”，在校党委宣传部和马克思主义学院直接领导下，马克思主义学院何薇工作室负责人何薇教授牵头创建了我校“形势与政策课”SPOC 教学团队，将“坚决打赢疫情防控阻击战”的内容第一时间进课堂，主动发声、正面引导，毫不动摇地发挥强信心、暖人心、聚民心的主渠道作用。

一、调整教学安排，组织教改团队，进行专题教学内容建设

第一，疫情防控当下，为“停课不停学”，以 SPOC 教学模式，确保我校在校所有本科生、上百个教学班的“形势与政策”课在开学第一周准时行课。

第二，新学期我校“形势与政策”课及时调整教学内容，以习近平总

书记关于新冠肺炎疫情防控系列重要讲话精神为指导，把中国人民在疫情防控中展现的中国力量、中国精神、中国效率专题内容，第一时间进课堂；旨在帮助大学生正确认识和深刻领会以习近平同志为核心的党中央对新冠肺炎疫情防控和经济社会发展工作部署的精神；了解和学习全国各行各业在抗击和防控新冠肺炎展现的“众志成城、守望相助”感人事迹；了解在决胜全面建成小康社会关键年之际，我们坚决打赢这场疫情防控阻击战的伟大意义和世界意义；引导当代大学生对“疫情下的成长”的思考。

第三，在 SPOC 教学团队示范作用下，以及全体任课教师集体努力下，“形势与政策”课依托智慧树平台，创建翻转课，同时面向全校学生开设第一次专题课，统一部署讲授《学习习近平总书记关于新冠肺炎疫情防控系列重要讲话精神》主题内容；及时在我校“形势与政策课程教学平台”微信公众号设立“抗击疫情”专栏，推送我院青年教师的抗击疫情公开课、我院青年教师在各媒体发表的专论，以及交大人在抗击疫情中的实际行动，为课堂教学提供了更丰富的教学资源。

二、最好的思想政治教育“现场”

九里、犀浦、峨眉三个校区校园是空旷的，但在在线课堂上，师生们的热线交流，营造着良好的线上课堂氛围。

“同学们，请发表一下你的战‘疫’感想。”3 月 5 日下午马克思主义学院何薇教授主讲的“形势与政策课”上，通过在线语音与文字互动，身在五湖四海的学生们积极参与课堂讨论。特别是，目前正在湖北黄冈、河南信阳重点疫区的学生，讲述着自己周边的战“疫”进展，用亲身的经历，让大家清晰地感受着这场战“疫”进程中的中国力量、中国精神和中国效率。

“同学们，请结合你的切身感受，谈谈疫情对你产生了哪些影响？你认为在抗击疫情中，共产党员的表现如何？”熊钰老师在结束习近平总书记“2·23”讲话重要精神的解读后，向同学们问道。绝大多数同学表示在此次疫情中，自己家庭的米袋子、菜篮子受到的影响程度是可以接受的，通过亲身体会和亲眼看到的抗击疫情的现实，更加深刻地认识到了中国共产党的坚强领导在国家中的地位和作用，也对共产党员在抗击疫情中的先锋模范作用给予了充分的肯定。

谢兴志老师则针对同学们在互动环节中提出的现实关切，从我国社会发展所取得的巨大成就出发，把对形势的认识、对政策的正确理解，阐述了个人的发展与国家的命运、社会的变迁紧紧地联系在一起的极端重要性。我们之所以能在如此短暂的时间里在抗击疫情的斗争中取得了这么大的成就，就是新中国成立以来，在中国共产党的领导下，团结亿万人民共同努力、不懈奋斗所取得的现有成就起着决定性的作用。

2019 年度四川省思想政治理论课“精彩一课”教学比赛一等奖获得者杨伟宾老师，着重从习近平总书记在统筹推进新冠肺炎疫情防控和经济社会发展工作会议上的部署出发，深入分析了在一个超大型的现代国家里，如此大的范围内，特别是这个特殊的时期又同我们最重要的传统节日叠加的情况下，展开全国性的联防、联控，从极其严峻的境况中走到现在，看到了胜利的曙光，只有在我们的社会主义国家、在中国共产党的领导下才能实现。我们之所以认为必须坚持制度自信，就是因为制度自信来自制度优势、来自制度活力、来自制度效能。

图 1　形势与政策 SPOC 教学团队成员何薇、李春梅、熊钰、谢兴志老师线上教学情况

图 2　形势与政策 SPOC 教学团队成员杨伟宾、李子重、浦仕勋、赵晨老师线上教学情况

现代信息技术的发展和普及，极大地丰富着教学手段，其根本的目的，就是按时按质完成教学任务，确保并逐步提升教学质量。这些教学手段的应用，作为老师的我们，是否能充分地运用好它，还有一个不断摸索和提高的过程，而对于青年学子们来说，可能并不是一种障碍，更不是一种困难。正如马克思主义学院李春梅教授所说：“通过此次疫情中线上的教学，我们的认识和体会前所未有的深刻。这一次我们因为病毒的阻隔，未能面对面的授课，但是翻转平台加腾讯课堂加 QQ 群的联系方式，使得师生实现了无时间无距离的实时互动，回到‘00 后’惯用的平台上，他们的活跃程度和学习热情都让人欣慰和赞赏。”

“00 后”的同学们确实更能适应现代教学模式的调整，譬如，有同学就直接给何薇教授留言：

“老师，我们觉得网课形式挺好的！有您的讲授，也有相关的课程资源。”

“讨论更加方便了，只要不出现网络卡顿的现象，您的声音比在大教室上课听得还更清楚一些！”

“通过近距离看，PPT 比投影清晰多了。”

当然，也有调侃一下的：“老师，我们上了网课，也完成了学习任务，回到学校不会再补课堂教学了吧？”

当我们汇总 SPOC 教学团队各教学班同学们对网课的反馈时，同学们普遍反馈的意见是，网课这种形式是非常时期解决不停学的重要手段和方法，历经锤炼，定会不负韶华。

下午两点，心中的上课铃声一响起，老师们在屏幕前一下子展开了思绪。

三、勠力同心，共同上好“全国大学生同上一堂疫情防控思政课”

依托“形势与政策”主干课堂，何薇工作室和 SPOC 教学团队，从 3 月 7 日开始，就特别叮嘱任课老师一定要通过多渠道通知到学生，3 月 9 日下午 2:30 开始，统一在线收看“全国大学生同上一堂疫情防控思政课”，以教学班为单位，组织同学们进行在线讨论。同学们纷纷通过邮件、腾讯会议、QQ 群、微信群等方式向任课老师表达了观后感和心得。

在校党委的统一领导下，有党委宣传部、党委教师工作部的帮助与支持，SPOC 教学团队将以“抗疫防控的中国力量、中国精神、中国效率”为主题创设系列精品思政微课，系列精品微课集中展现中国共产党的坚强领导是打赢疫情防控阻击战的根本保证；抗“疫”之战彰显中国特色社会主义制度强大优势；抗“疫”之战彰显伟大的中国力量、中国精神、中国效率。系列微课将以系统的理论分析，生动、鲜活、感人的事例，并充分依托 SPOC 教学模式，开拓形势与政策课教学新模式，利用多媒体新技术的媒介和课堂主渠道作用，向我校大学生宣传中国共产党领导的抗疫防控宏大叙事。以精品微课推动我校“形势与政策”课教学质量再上新台阶。

在当时，我们就深深相信：在不久的将来，我们一定会如约在校园相见；我们会在迎春花丛中传递着快乐；我们会在课堂里继续同学们的求知梦。

疫期坚守教育在线，课程思政网上开花

牵引动力国家重点实验室党委

为最大限度减小疫情对研究生培养的影响，牵引动力国家重点实验室积极响应教育部和学校“停课不停教、停课不停学”的号召，由实验室党委牵头，在学生工作组、研究生教务和导师、学生的紧密协同下，依托网络新媒体实施线上教学，在科研组会中融入思政元素，利用公众号平台全方位开展研究生思政教育，多措并举，一手抓专业课程教学，一手抓课程思政建设，共同建立牵引战“疫”云课堂。

精心筹备在线教学，稳步推进研究生课程学习。实验室严格落实学校疫情期间教学安排，专门制定《新冠肺炎疫情防控期间研究生教学组织工作方案》，详细拟定工作计划，提前研讨线上教学，精心部署各项工作，分工明晰，协调有度，于原定教学周开始前，完成实验室线上课程建设、试听和调试，研究生教育工作稳步推进。目前，实验室 13 门专业课程均通过腾讯会议平台授课，除实践实验类课程外，常规课程开课率达 100%，全体选课学生覆盖率达 100%。线上教学时，除讲授课程内容外，老师们也会鼓励大家坚定战胜疫情的信心，在疫情期间做好居家防控，合理推进自己的学业计划。每一句叮嘱，每一声关切，同专业知识一起传递温情，搭建起“有温度、有深度、有态度、有情怀”的战“疫”云课堂。

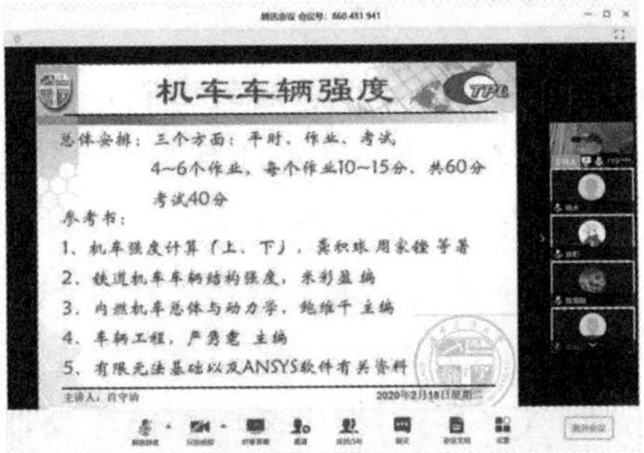

图 1　肖守讷老师线上授课

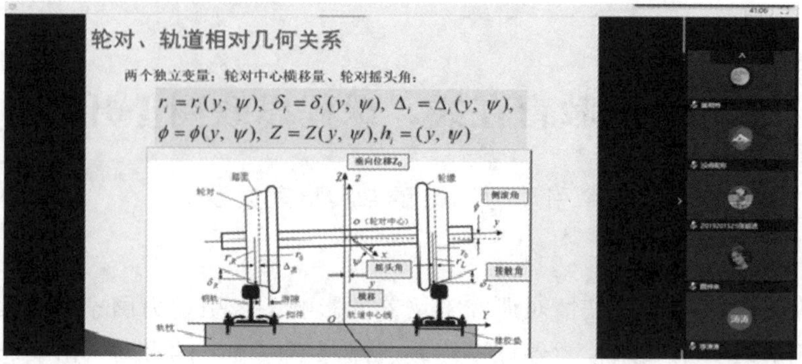

图 2　赵鑫老师线上授课

图 3　石怀龙老师线上授课

精准融入线上组会，拓展研究生思政教育新渠道。为践行习近平总书记对各类课程“守好一段渠，种好责任田”的具体要求，实验室将思政教育精准融入师生线上组会，在扎实推进教学、科研等各项工作的同时，积极拓宽研究生思政教育新渠道，强化导师对学生的价值引领，形成“牵引线上组会课程思政”育人新模式。每一场线上组会，对学业和科研进行日常指导之后，导师们还积极与组内学生探讨疫情期间国际国内的热点事件，交流居家防疫的科学知识，鼓励学生在困难中坚定信心奋战到底，号召学生们努力学好专业知识，勇担青春责任和使命。通过线上组会回应学生关切，对学生进行价值引领，成为实验室开展课程思政的重要形式之一。

精心策划网络思政在线课，着力深化研究生思政教育。为加强疫情防控期研究生的思想政治教育工作，积极发挥课程育人主渠道落实立德树人根本任务的关键作用，实验室党委、学生工作组指导研究生会精心策划“牵引战‘疫’”系列网络思政在线课。牵引研究生会在网络调研获得一手资料后，结合同学们的实际需求，确定了以“防疫知识库”“科研数你强”“资源在线淘”“春招在路上”等四大专题为支撑的课程框架，通过分类整理有效信息、邀请老师录制学术科研分享视频、搜索丰富学习资源、指导毕业生就业等方式，为研究生居家科学防疫、提升科研能力、掌握实用技能、克服就业困难等提供在线指导，解决学生的实际问题与困难。战“疫”在线课利用网络思政资源，借助微信公众号平台，将辅导员和导师拉入虚拟网络，即使与学生相隔千里也能就同一主题互动谈心、悉心指导，提升了网络思政教育的针对性与亲和力。网络思政在线课的部分做法获得兄弟院系的认可，在其公众号转发和推送，资源也得到更大范围的推广和共享，收到较好实效。

随着疫情防控工作的有序推进，实验室师生中涌现出“爱心捐赠 支援武汉”和“志愿服务 共克时艰”等动人事迹，体现了课程思政的独有魅力。为展现90后研究生在疫情之下对家国和自我、对历史和现实、对人生和理想的思考和感人事迹，在线课程新增“‘90后’战‘疫’之青春担当”和“‘90后’战‘疫’之我思我想”两个专题，进而构建两大系列共6个专题的“牵引战‘疫’”线上思政课程，筑牢青年学子成长成才的思想根基。

在战“疫”攻坚的关键时刻，牵引动力国家重点实验室以“云课堂”保障专业教育教学秩序，以“线上组会”拓展思政教育渠道，以“思政在线课”创新教育方法，通过持续强化价值引领，保障了疫情期间的教育和教学。与此同时，帮助居家抗疫的师生解决教学、科研、学习、工作等的实际困难，拉近了师生齐心共抗疫情的心灵距离，增强了大家携手并肩共克时艰的凝聚力、团结力与向心力。

疫情防控中讲好云上生涯规划课的五个“深入挖掘”

马克思主义学院　余卉　李莹

不久前，教育部思政司党支部在致全国高校辅导员的一封信中指出，高校辅导员老师应该“全力帮扶指导学生普遍关心的考研复试、就业创业、生涯规划，千方百计保障学生成长‘不掉线’”。目前国内疫情防控已经进入常态化阶段，各类线上课程如火如荼，那么当前疫情防控常态化下辅导员老师应如何上好云上生涯规划课呢？如果说抗疫是一本伟大、厚重而又丰富的思想政治课程“活教材”，那么当中那些感人的故事、细致的举措、伟大的人物就是这本教材中奇妙生动的书中插图。辅导员应该深入挖掘“小”故事、“小”举措、“小”人物、“小”青年、“小”居民中的责任、成就、作为、理想、品德等五个方面的内容，融入生涯规划课程的觉知、探索、决策、行动和调整五个部分课程内容，丰富云上生涯规划课的教育内容，提升云上生涯规划课的教育实效。

一、深入挖掘“小”故事中的“大”责任，融入生涯觉知

生涯觉知是生涯规划课程的导航部分，是生涯规划课程的导论，主要目的是启发生涯意识、激发个体责任。新冠疫情暴发导致的医疗物资和防控物资的极端短缺，这个特殊的时期，一些正在国外旅行的国人、海外华人因为购买、捐赠防护物资涌现出许多感人至深的故事，这些故事中体现出来的心系祖国、民族、人民，众志成城、勠力同心，共同抗疫的爱国情怀和民族责任是激发学生成长、负责、爱国、爱家最好的素材。辅导员老师们应该深入挖掘那些蜜月之旅抢购口罩的小夫妻，以及用尽全力帮助国内代购口罩和防护服的海外华人等这些小故事中展现出来浓浓的家国情

怀、深深民族责任，融入生涯规划课程的第一个部分生涯觉知。利用生涯幻游、生涯愿景等游戏，激发学生个体责任意识和规划意识，厚植学生的集体主义、社会主义情怀，启发青年大学生们的历史使命和时代责任。使他们认识到，个体的存在是在国家、民族之下的，只有国富民强，才会有个人的成就和发展。更应该让他们意识到党和国家、新时代赋予青年大学生的责任和使命，自觉担负起这种使命和责任，做好学业和人生的规划。

二、深入挖掘“小”举措中的“大”成就，融入生涯探索

生涯探索是生涯规划中的第二大版块——认知版块，由自我探索和职业世界探索共同组成，目的是帮助学生在成长过程中不断认识自我和认识职业世界。疫情防控之下，各个小区、村子对于小区内、村内人员进行群防群控、联防联控的严格、全面、及时的举措，及时地阻断了疫情在社区内的大范围传播，为我国本土取得阶段性抗疫成功奠定了基础。这些小小措施所取得的大大成就，彰显了社会主义制度的伟大、社会主义核心价值的力量。辅导员老师应该细致梳理、深入挖掘这些小小的举措在疫情中发挥出的重要作用，将中国特色社会主义道路的正确性、中国特色社会主义制度的伟大和集体主义价值观的深厚内涵融入对于青年学生自我价值观的探索和塑造中，将社会主义核心价值观融入自我探索部分。在职业环境探索部分，还可以着重引导学生探索新冠疫情中的社区工作人员职业面貌、行业特点、组织特点、地域分布等，使得学生能够立足自身、脚踏实地，认识到从“小”举措做起来也能有“大”成就。

三、深入挖掘“小”人物的“大”作为，融入生涯决策

方向比努力更为重要，生涯决策阶段需对自己前行的发展方向、人生目标、路径进行基本设定，学会自主设计合适的职业发展计划。大学时代是学生形成系统世界观、人生观、价值观的关键时期，也是学生形成人生目标、发展方向的重要时期。疫情之下，诸如感染科医生张文宏、援鄂女

护师赵英明和她的老公等小人物突然走红，源于他们在抗疫中真实感人的表现。诚然，与钟南山院士等大国重器相比，他们是这场抗疫大战中的普通人和“小”人物，但也正是这千千万万的小人物，在这场抗疫大战中用他们的点滴贡献汇成了一条滔滔江水，形成了“大”作为。辅导员老师应该深入挖掘这些“小”人物展示出来的无所畏惧、积极进取、顽强拼搏的人生态度和果断、坚毅的决策能力，引导学生深入思考“人的本质是什么”“人生为了什么”以及“怎样的人生才更有意义”等问题。用“十天拔地而起的火神山医院”、“一省包一市”大援助中“小”人物的“大”作为来指导学生结合个人实际和当下抗疫的社会现实，形成正确“三观”和积极向上人生目标，帮助大学生扣好“人生的第一颗扣子”，教育学生明辨是非、善恶、美丑的界限，带领同学们感悟人生真谛，珍惜生命，用“有价值的青春”作为制定生涯决策的基础。

四、深入挖掘“小”青年的“大”理想，融入生涯行动

青年的理想信念关乎国家未来，青年理想远大也是一个国家和民族无坚不摧的前进动力。生涯行动阶段则是青年激发理想、践行理想的最佳阶段。疫情中涌现出一批“90后”“95后”的一代“小”青年们，用他们的实际行动谱写了一曲共同抗疫的“理想之歌”，同龄人的故事是激发青年理想，形成朋辈效应的最好的素材。辅导员老师们应该挖掘这些“小”青年背后全国人民一盘棋，为了战胜疫情，让“热干面”出院这个“大”理想作为生涯行动阶段增强学生理想信念、促进学生生涯行动的生动案例。千里走单骑，从荆州骑行300多公里到武汉，只为赶回所在医院奋斗在抗疫一线的24岁甘如意；七次请战，坚持进入“污染区”照顾病患的汶川护士23岁佘沙都是他们中的突出代表。习近平总书记说，自古英雄出少年。在漫漫历史长河中，人类社会青年英雄辈出，中华民族青年英雄辈出。我们要用欣赏和赞许的眼光看待青年们在这场战役中的作为，为他们这群“小”青年展现的“大”理想点赞、喝彩；也要引导学生学习他们从小事做起，从身边的事做起，在每一项任务中磨砺奋斗的精神，在每一个工作中磨砺属于他们的“中国梦”；教导他们珍惜韶华、不负青春，努力学习的同时，锤炼过硬本领，做时代前列的奋进者、开拓者、奉献者。

五、深入挖掘“小”居民的“大”品德，融入生涯调整

疫情之下，百态众生，人性的光辉和人性的邪恶不断交替。正如这个魔幻现实的冬天和春天一样，生涯调整阶段的遭遇也会魔幻现实。求职过程中被挤兑，生涯行动中被击败，梦想可能会破灭，心态可能会失衡。但想想疫情中那些坚守在家的社区居民，那些出院前对医护人员鞠躬感谢的人们，那个武汉社区内小菜店里因为怕自己关门小区居民没菜吃义无反顾返回店中的四川老板，都为我们展现出了“小”居民中的“大”品德，诠释了人性的美好和善良。辅导员老师应该深入挖掘这些“小”居民背后的高尚之处，引导学生反思那些疫情中高价出售口罩、贩卖伪劣防护用品的企业，反思疫情过后湖北人、武汉人遭受歧视等社会现象。在生涯调整阶段教育学生不论在将来学习、工作中遭遇到怎样的问题和困难，每一位同学都应该身正为人，用感恩的心、真挚的情面对接下来的人生。

突如其来的新冠疫情给我们带来了巨大的伤痛，每一个人都不能幸免地有着或多或少的心理和生理的伤害，许多人在抗疫中贡献了自己的力量，许多抗疫故事也必将产生深远的影响。作为辅导员老师，我们则应该利用好抗疫这一本“活教材”，挖掘到“小”故事、“小”举措、“小”人物、“小”青年、“小”居民这些鲜活的教材插图，为全体学生奉上一道云上生涯规划大餐，助力学生做好学业和人生的规划，帮助他们健康成长，为祖国培养能够驱动中华民族加速迈向伟大复兴的青年英雄而努力！

（注：本文原刊于全国高校思想政治工作网）

“职业生涯与发展规划”教学合作共同体线上课程体系的构建

地球科学与环境工程学院　杨都强

为了更好地引领学生探索职业发展，心理研究与咨询中心“职业生涯与发展规划”的任课老师们积极开展线上教学。基于“教育和引导学生通过职业生涯与发展规划达成个人生命发展与完善，从而实现自我价值”这一核心目标和“促进学生实现自我认同与社会化”两大核心任务，结合课程本身具有“知行合一”的翻转与实训课程性质，依托线上教学平台，积极探索“教学合作共同体”教学方式对课程教学的积极促进作用。

一、背景阐述

1. 课程内容模型介绍

通过课程组老师们的共同努力，结合学校“轨道交通”的行业特色，“职业生涯与发展规划”课程内容与版块得以完善。课程分为五大模块与步骤，具体包括生涯知觉、生涯探索、生涯决策、生涯行动和生涯调整（见图 1），其中生涯探索中自我探索和环境探索分别对应着自我认同和社会化两大课程核心任务。

课程回答了原有理论知识灌输式教育模式下很少关注或启发学生去思考与行动的问题，从人本主义教学理论出发，把握时代对人才需求的发展方向，以及人民对美好生活向往的内在动力，着重回应了那些真正关乎人生幸福的问题，诸如怎样才能认识自己，怎样才能认识社会环境，怎样才能做到“知行合一”，怎样去规划自己的人生，怎样去处理个人、工作和家庭的问题等。根据生涯规划系统模型，顺应内在和外在的变化，围绕目标对行动计划进行评估和调整修正，不断接近并实现目标，达成人生的均衡幸福。

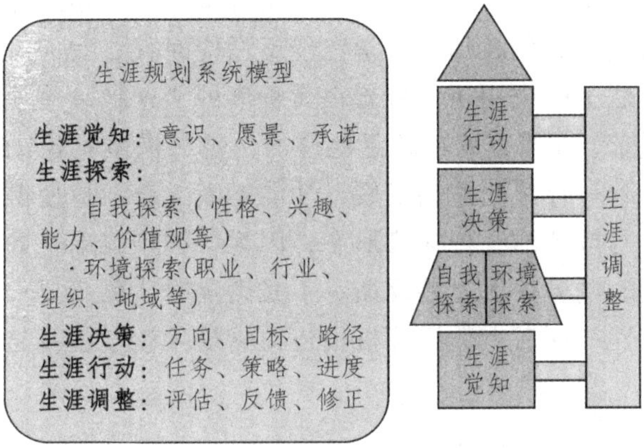

图 1　生涯规划系统模型

面对新特性、新需要采用生涯规划系统模型对课程教学环境条件与课程自我实训本质进行探索分析，试着实现课程的“自我认同”与“社会化”。

2. 课程教学环境探索

疫情的无情倒逼着我们审视世界，生命安全和身体健康、人与自然关系伦理、社会治理效能与城市治理科学化水平等话题不绝于耳；同样，教育战线的高校教师也成了这段时间最忙的群体之一，学习“线上主播十八般武艺”的同时也是试着重新看待和思考当下的教学，积极投身于教学的创新与改革。

从 1994 年中国互联网元年至今已经 27 年，互联网的广泛应用让“共享单车、扫码支付和网购”在“新四大发明”[①]中占据三个重要席位，应该说中国互联网已经完成了很大程度的追赶和一定程度的超越。然而作为创新领域不可或缺的大学教育，好像还未曾与互联网如此“亲密”。

相较于不得不拿起互联网作为教学工具的教师，教学的另一端已经是生于互联网长于互联网的真正网络原住民，他们的生活与思维模式紧紧依

① 2017 年 5 月，来自“一带一路”沿线的 20 国青年评选出了“中国的新四大发明”：高铁、扫码支付、共享单车和网购。事实上这四项并非由中国发明，只是在中国推广应用较为领先、对国外影响较大而误传。

附于互联网，像水和空气一样熟悉；但他们把手机等设备用于课堂学习还不太多，甚至偶尔还被“手机收纳袋”强行断网。可是，加装再强的网络屏蔽器，课堂也不可能成为一直作为网络环境下的自留地存在。

有学者指出，高校教师的教学已经不适应时代，我们对互联网在教学模式和教学方法上的应用还保持着很大程度的“克制”。这种“克制”带来的是与时代脱节，在当下的反映是些许的匆忙与慌张；不期而遇的“亲密”让线上教学平台一夜之间蓬勃发展，功能不断完善。这使得线上教学真正成为教学创新与改革的一种强势形态，因为各类型线上考勤、随机抽人、及时投票、实时测验等无时差反馈，不光满足时代创新要求的新鲜性，课程管理的便捷性与课后大数据分析报告也满足（教学创新与改革）指标考核的熟悉感。

3. 课程实训本质的自我探索

时空的转换或许比理论上要快许多。透过现象看本质，对于学生而言，疫情突发兀然创造出来一个个相对独立又或者异常紧密的空间，相对独立在于从来没有这么长时间离开学习群体独自在一个屋子里学习；异常紧密在于学习好像从来没有和家庭生活这么接近过，而这实际上将会是他们步入社会后未来时间的一种学习常态，特别是“老婆孩子热炕头”的日子上线后，和当下挤在阳台一隅备课上课的老师类似，身后就是家庭，手旁就是琐事，心里可能也会默默怀念群体形式的学习。

同样，互联网的兴起，很顺畅地构筑起了一个时代，重塑着文化与精神，也改变着人们的生产和生活方式。尽管在改变教师教学和学生学习这件事情上显得不是那么顺畅，但对生于斯长于斯的当下学生，互联网已经是一种真实空间存在，现在的不顺畅势必会在未来形成一股洪流，冲击真实世界的虚拟城墙。未来学习无论从信息的获取、工具的使用还是思考方式，都将全新构筑于这个时空之上。

之前“职业生涯与发展规划”常常被诟病的是学生都还不知道职业是什么、社会生活是什么模样的时候就在类猫画虎、装模作样地撰写职业生涯规划书；也因为如此，课程往往会折中采用对大学生涯规划的方式进行实训；突发的疫情冲破了对互联网在教与学应用上的克制，在正常时空下划出一块相对独立又或者异常紧密的空间，无情地撕出一间“教室”，如此看来，对学生而言倒显得更为“真实”，在这样的“小方桌”上倒好像是未来学习的一次实训，也是另一层面的“社会化”。基于以上思考，尝试探索构建“教学合作共同体”的体系和教学模式。

二、体系理念与构建实践

1. 体系理念与目标

美国著名心理学家、教育家布卢姆（Bloom）指出高阶层次认知活动（分析、评价和创造）相比于低层次的认知（记忆、理解和应用），学生的综合能力可以得到有效训练和提升；费曼学习法指出，运用讨论、实践和教授给他人的方式学生将具有更高的学习留存率，学生通过“教”和“做”的方式对知识的掌握程度能达到 90%以上；同时现代构建主义理论认为学生主动探索、自我意义构建的方式具有更好的学习成效。同样，曾获评教育部精品课程的“职业生涯与发展规划”作为西南交通大学重点建设通识课程，也具备通识教育同样的目标：培养学生能独立思考且对不同的学科有所认识，以至能将不同的知识融会贯通，最终成为完全、完整的人。

基于以上，近年来教学创新与改革方向也不约而同地瞄准了研究导向型和实践导向型教学，以兴趣驱动和跨学科任务互动为学生创造主动探究和意义构建的过程与环节，从而达到高阶层认知过程和高学习留存与掌握度的高教学效能。这构成了“教学合作共同体”体系构建与实践的有力理论支撑。

2. 体系构建

笔者尝试构建在互联网时空和学生未来学习条件下，知识与理论同行、探索实践与意义构建并重，以学生为主体、教师为主持，用教学任务合作互动、团体互教互学与个人自律自学融合共享的“教学合作共同体”教学体系。

紧紧围绕课程目标，根据生涯系统模型 5 个任务模块（见表 1），对应分成生涯觉知、生涯探索、生涯决策、生涯行动和生涯调整 5 个互教互学小组，同时根据课程重点进行模块微调，对 2 个核心任务进行再分配。

表 1　生涯系统模型任务模块与分组

任务模块	任务小组	任务概述
生涯觉知	1	意识、愿景、承诺
生涯探索	2 （核心任务再分解）	自我探索 （性格 1、兴趣 2、知识 3、能力 4、价值观 5）
生涯决策	3	方向、目标、路径
生涯行动	4	任务、策略、进度
生涯调整	5	评估、反馈、修正

任务分解与团队组建完成后，分作学生自律学习与实训展示、分组团队合作学习与教学、教师教学提升及师生共评 3 个环节开展日常教学（见表 2），并对应形成个人学习记录日志与学生生涯规划书、会议纪要与课程演示文档、线上平台课程报告等 3 个层次 5 个文本材料（均采用线上教学平台收集整理）。

表 2　“教学合作共同体”体系 3 个环节

环节	具体做法	形成材料与成长
学生自律学习与实训展示	学生“高价值成长经历”分享、教师课程安排进行学习进度控制、学生自主学习与知识整理	个人学习记录日志、学生生涯规划书
分组团队合作学习与教学	分组成立团队，组内进行角色分配与任务分工，组织集体研讨学习与演示文档制作并展示	会议纪要、课程演示文档
教师教学提升及师生共评	教师根据学生个人与团体学习情况进行内容提要与教学提升、师生提问与共同评价	线上平台课程报告

以上模块与环节着重培养学生模型理解与构建能力、信息整合与转化能力、团队合作与过程管理能力、交流互动与表达展示能力、态度与价值观等 5 个一级维度和 15 个二级维度的能力和素养（见表 3）。

表 3 “教学合作共同体”体系中学生能力和素养评价维度

一级评价维度	二级评价维度
模型理解与实践能力	模型研读理解与深度阐述能力
	模型的灵活表达与应用能力
	个人职业生涯规划书撰写情况
信息整合与转化能力	信息获取与筛选能力
	信息整理与处理能力
	信息转化与呈现能力
团队合作与过程管理能力	团队协调与人际交流能力
	计划统筹与执行调控能力
	记录表达与文件管理能力
交流互动与表达展示能力	口头表达与肢体演绎能力
	素材组织与 PPT 设计能力
	欣赏表达与辨证讨论能力
态度共情与价值观体现	认真进取与积极合作能力
	开放竞争与公平公正素质
	共情接纳与互助共赢素质

生涯规划是一项周而复始螺旋形上升的连续过程，每一个循环就是一次升华。同样，在“教学合作共同体”体系的运作中，根据维度量表，结合 3 个环节进行周期评价，及时全面反馈，促进教学成效螺旋上升（见图 2）。以学生被考核与自考核相结合的方式，采用老师评价与学生评价结合、组间互评与组内互评结合、他评与自评结合的方式开展量表评价考核。

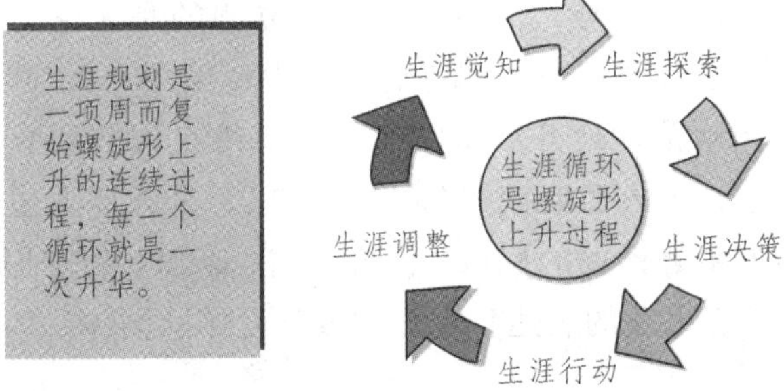

图 2　系统化职业生涯规划方法概述

3. 课程实践

（1）学生分组与任务分解：根据通识教育注重培养学生独立思考且对不同的学科有所认识的能力的特点，“职业生涯与发展规划”课程在任务分解与学生分组时采用专业乱序、男女均分的做法，可以使学生了解其他学科知识和思维方式，同样对课程目标的达成能起到一定的促进作用（见图 3）。

生涯觉知组	20161		男	电气(轨道)2016-03班
	20191		男	土木2019-03班
	20191		女	物流类2019-03班
	20191		男	交运类2019-02班
	20191		女	地质2019-02班
	20191		男	传播类2019-03班
生涯决策组	20181		男	土木2018-13班
	20191		男	信息类2019-01班
	20191		女	物流类2019-05班
	20191		女	交运(詹院)2019-01班
	20191		男	电讯2019-01班
	20191		女	汉语2019-03班
生涯调整组	20181		男	传播2018-01班
	20191		男	信息类2019-06班
	20191		女	交运类2019-02班
	20191		男	地质2019-01班
	2019		男	制药2019-04班
	2019		女	外汉2019-02班
生涯探索组	20161		男	电子2016-04班
	2019		男	信息类2019-01班
	2019		女	物流类2019-03班
	2019		女	交运(詹院)2019-01班
	2019		男	工力2019-04班
	2019		女	传播类2019-03班
生涯行动组	2018		男	车辆2018-06班
	2019		男	信息类2019-01班
	2019		女	物流类2019-05班
	2019		女	材料类2019-08班
	2019		男	制药2019-03班
	2019		女	外汉2019-02班

图 3　课程分组与任务分解情况

（2）课程三个环节操作的具体描述：由于课程开课之初需要一定的课程导入，加之学校第三次选课尚未结束，因而在前期的课程中仅进行了课程导入等环节。三个环节的实际操作都还在初步阶段，在第一个环节，仅进行了该环节之一的步骤即学生“高价值成长经历分享”（见图 4），第二个环节也仅完成初步分组和任务分解。第三个环节中教师教学提升占据了较大部分，偏向于导入和讲授。令人欣慰的是无论是老师的讲授还是学生的分享，在对课程表达期待的过程中（见图 5），都自然地靠近了当下社会状态，示范性地开展了对“抗疫英雄”致敬环节，以及关于个人与时代的关系，个人职业梦想与“中国梦”，个人职业生涯、城市发展及时代大势的关系等话题的探讨，内容丰富、新鲜，符合时代气息，不知不觉中体现了课程思政的表达，也为“教学合作共同体”体系的运行建立了良好的开局。

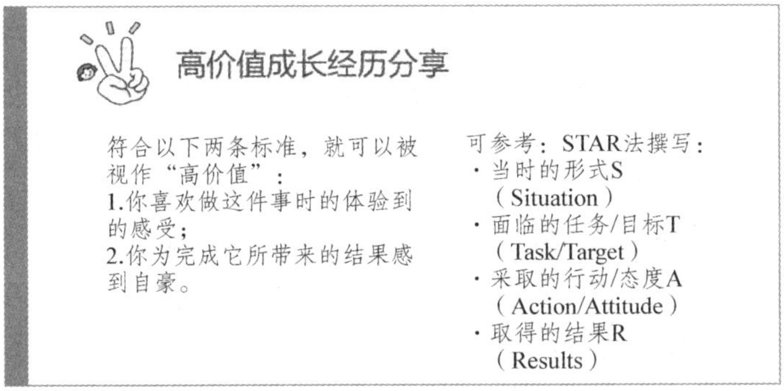

图 4　学生自律学习与实训展示环节之一

图 5　选课原因和课程期待

（3）考核操作描述：“教学合作共同体”体系构建与实践，核心在于模型构建的完整与科学性，基础在于周期考核体系的合理与易用性，线上平台无疑给繁复的考核提供了充分有力的保障。前期课程实践主要通过“雨课堂 + QQ 群课堂”的方式进行线上教学与互动，结合网络平台的便利性，分阶段、不定时设置课程问题与知识反馈，既能确保学生注意力全程在线，也对课程“教学合作共同体”体系构建与实践进行了可行性验证。

三、效果分析与预期

由于全国高校集中采用线上教学平台进行授课，前两次课程均遭遇网络拥堵，原定线上教学平台使用受限，导致部分数据未能记录，难免有些遗憾。好在前两次课程更多在概述性导入和任务分解，对于体系的实践更多是后面课程的环节，相信随着疫情的消退，线上平台的情况将得到改善。同时，同学们总是积极阳光地表示理解，也给予了课程教学一些正向的评价。让我们不妨放下一些担心，对“教学合作共同体”体系的运作作一些合理的效果分析与预测。

教师角色和功能的变化：线下课堂中的教师作为几乎是绝对“传道、授业、解惑”权威存在，往往承担了教学信息和素材的提供与讲授、教学任务与教学目的的掌控以及各个教学环节和课堂氛围的主演等角色与功能。在线上课程“教学合作共同体”体系中，由于互联网给予各个网络节点天然的平等性，加上独立空间给予的隐匿性，教师和学生接近平等状态；教师转变成了学生在构建自我知识和能力体系过程中的“编剧”，在学生自律学习和团队共同成长过程中的数据记录者和技术支持，甚至是各方事务的协调者和各类事件的调解员，最后还成为学生互相激励、共同进步的观赏者。

学生角色和功能的变化：学生将会从原来目标不清、动力不足、学习留存率低的被动学习者，转变成目标明确、动力十足的主动高效学习者，主动参与教学素材和信息的提供者，互相学习、共同进步的激励者，自我成长的记录者和管理者，甚至是课堂氛围的带动者以及教学者。在自我管理和相互督导下，学生出勤率（目前均为100%）、课堂活跃度、课程即时反馈与作业质量都会相较于传统线下课堂大幅提升，最终促成高知识掌握度和高教学效能。

课程变化：针对“职业生涯与发展规划”线上课程构建的“教学合作共同体”是一次尝试，其课程环节与考核体系较为复杂，在日常的线下课堂中很难完成，且文整工作量巨大；线上平台的便捷性与易用性，将极大改善和解决课程管理文整工作难度大的问题。

总之，作为网络原住民和未来学习者——学生而言，他们成长于互联网环境，无形中也具备互联网赋予的特性；我们因事而化、因时而进、因势而新，在对教学素材更新、对教学手段改进的同时对教学环节和考核体系革新，构建“教学合作共同体”体系，把互联网配套应用于教学的尝试，将会更符合当前学生的学习形态，带来积极正向和意义深刻的影响。当然，由于疫情形势严峻，课程真实效果及普及可能性还有待网络畅通环境下进一步进行探讨阐述。

PBL 教学法对在线“职业生涯规划与发展”课程设计的再思考

信息科学与技术学院　马琼

疫情来势汹汹，所有的课程在一夜之间主动或被动都上了线。在手忙脚乱中，老师们很焦虑、同学们也很慌乱，甚至在有些师生中都曾经闪念过：“‘职业生涯规划与发展’这个‘鸡肋’课程就先不开设了吧，不给大家增添负担。”

“鸡肋”课程？也许这门课程常常被同学们误解：

1. 这门课程为大一大二学生开设是否太早？

同学们才大一呢，对未来所要从事的职业名称都还没有搞清楚，如何开展职业生涯规划呢？其实大学开设“职业生涯规划与发展”这门课程，其目的是唤醒同学们的生涯规划意识，开启生涯觉知，从专业到职业，做好职业生涯规划首先从大学四年学涯规划开始。同时，年级越低学习这门课程，同学们拥有更多时间去尝试与探索，年级越高或者年龄越大，选择和决策的约束条件将会更多，让自己的职业生涯规划不得不陷入“将就”的局面，而大学阶段是信息探索投入产出比最高的时段。这门课程希望帮助同学们更早找到喜欢又有能力支撑的同时具有社会需求的职业，并为此努力。

2. 这门课上了就会找工作了？

大学一般会开设“职业生涯规划与发展”“职业素养提升”“求职指导”等课程，每门课程皆有明确的课程目标与课程任务。“职业生涯规划与发展”课程不是最终的求职“临门一脚”，而是“临门一脚”前的充分的准备，进行充分的“自我探索”与“职业环境探索”，对自己的认知越充分、对自己的专业对应的职业与行业认识越充分，能够找到的毕业目标更接近自己的期待，更符合自己的实际，更早地帮助自己完成毕业最后选择时刻的能力储备。每一个阶段都是为下一个阶段做准备的，我们的大学四年学涯是为未来毕业后的下一个阶段做准备的。

3. 这门课程上完了就完了？

这门课程会给同学们介绍相应的理论、工具和方法，在课堂上更多是在一个模拟的环境、假设的前提进行工具和方法的学习与掌握。而这门课更重要的是用理论来指导同学们的实际，在课后进行运用与实践。这门课程是一个实践性非常强的课程，需要同学们将课堂上的内容在未来的大学生涯中和职业生涯中，运用课堂上掌握的工具与方法来帮助自己开启生涯决策与生涯行动，因此这门课程结束了才是真正的开始。

4. 计划不如变化快，还要规划课程干什么？

突发疫情打乱了我们的计划，然而我们也发现将原本的计划与积累进行适当的调整也会达到圆满的结果。在“职业生涯规划与发展”课程中的一个关键词是规划，一个关键词是发展，规划与发展包括一个重要的环节就是“评估、反馈与调整”，这一重要环节正是在强调计划中的变化性，要有能及时感知变化到来的觉察力并拥有调整与适应的开放心态与能力。这是这门课程需要传递给同学们的重要内容。因此，职业生涯规划与发展是一个动态的平衡与螺旋上升的过程。

5. 这门课程的老师还从来没有走出过校园呢？

老师没有走出过校园、没有在各行各业中经历过是否能讲明白这门课程？这是同学们的担心，也曾是老师们的焦虑。“要想给学生一滴水、自己就要有一杯水”。《中华人民共和国职业分类大典》介绍了 8 种职业门类、近 2 000 种具体职业，教育部给出的“普通高等学校本科专业目录”规定了 13 个学科门类、506 种具体专业，作为生涯与发展规划课程的老师要想全部掌握这些内容是不可能完成的任务。教育过程中我们常常有一句“授人以鱼不如授人以渔”，这个课程不是老师为同学们解读某一个专业、职业、岗位是干什么的，而是老师深入理解与掌握职业生涯规划与发展的系统理论、方法，用深入浅出的方式和学生能理解的方法，启迪与教会同学们运用职业生涯发展与规划解决问题能力的方法。

鸡肋？相信你不再认为“职业生涯发展与规划”是鸡肋课程了吧。澄清这些问题，其实也就是厘清这门课程的整个系统。

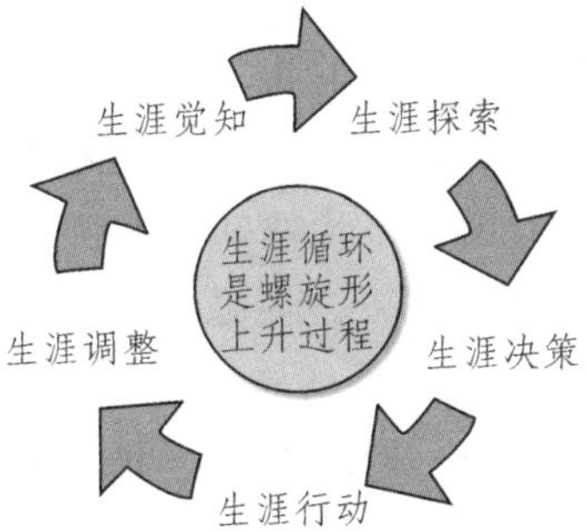

图 1　职业生涯规划方法

拥抱变化，积极调整与适应。

疫情下的“职业生涯与规划”在线课程如何上？自己尝试运用 PBL 教学法来指导这门课程的线上尝试。

PBL（Problem-Based Learning）教学法即基于问题学习的教学方法，它突出学生的主体地位，强调在问题情境中完成复杂的学习内容，参与者以小组合作的形式共同解决复杂的、真实的问题，提高学生独立思考、自主学习、解决实际问题的能力。

这一次的疫情，让网络与多媒体技术的特性发挥到了极致：交互性强、信息量大、资源多、不受时空限制。这为 PBL 教学法的使用提供了基础和平台。

这一次的疫情，让网络原住民和移动网络原住民的“00 后”充分展现了自己在网络中的优势：互动性强、网上表现欲望强烈、网络资源挖掘快速、网络学习工具熟悉快上手快等。

教学设计理念：遵循以 PBL 教学法为核心，以“线上课程讲授与互动为主，网络自学为辅”，以解决学生职业生涯规划面临的实际问题为重点，通过线上资源、网络课程、视频音频资料、线上测评工具、雨课堂和 QQ 群课堂在线随机点名、学习管理工具等，实施职业生涯规划与发展的网络课堂教学。

教学尝试：

（1）澄清问题：前面的问题都是同学们来选择这门课程所面临的困惑，在第一讲的课程中进行了有效的澄清，以便学生对课程内容有合理的期待，问题为基础，但问题不能是伪问题，所以第一步需要进行澄清。

（2）聚焦问题与解决问题：针对每一个课程单元需要讲解的知识点提前进行学生的问题收集，或者是在以往的课程经历中提炼出问题，或者是在具有典型意义的视频资料中、广为熟知的案例中，以问题为导向开展课程，以增加学生的共鸣，引发关注、急切解决，以便引出理论与工具，启发思考，掌握方法与工具。

例如，在对于“生涯规划”概念的讲解前，抛出大一学生普遍关切的“转专业”问题进行大讨论，并结合大家的观点、解决方案引出生涯规划的“五大步骤”，让同学们直观理解。

在发现问题—解决问题的互动参与过程中，很自然地融入各个知识点，直观地理解课程中的概念。

（3）线上线下课堂的区别：我们会发现，线下课堂中，同学们很难主动站起来分享自己的观点，但在线上课堂中，每一位同学的参与度都非常高，这是“00后”的网络生活习惯迁移到了课堂中，可以让学生更加主动、快速地参与到课程中，共建课堂，也较线下课堂更易快速了解每一名同学的观点与内容。需要注意的是：① 教师需要快速关注到所有学生们的观点，并进行相应的点评、澄清与回复，让学生能感知老师的关切，以替代教室中的目光交流与鼓励，同时对一些有偏差的观点得以澄清。② 教师在线课堂的互动可以多种方式进行，以保持学生的在线关注率，例如线上及时分享、线上随机点名互动分享点评。③ 课程设计中保持一定的互动频率，以免在线课程成为学生的“离线”课程。

（4）师生共建在线课堂共同体：在线授课的过程中，让师生去掉了教室这个物理空间的区隔，让彼此之间的关系更加亲密与无边界，因此在共同的“在线课堂里”提出问题、解答问题可以变得更加自然，实现更好的师生连接。

（5）线上工具使用更加高效：相较于传统教室课堂的纸质问卷测评、工具使用，在线课堂让在线工具、在线资源的使用变得更加得心应手与高效。

在疫情特殊时期，以问题为导向的“职业生涯规划与发展”在线课程，给予老师们有益的探索与尝试。“职业生涯规划与发展”课程本身是一个实践性、体验性极强的课程，待到疫情结束时，回到学校后的课程中，也许这门课程可以尝试线上线下混合开展，兼顾线上线下的优点，更好地为学生生涯规划服务。

教学模式流程再造：应变

材料力学慕课开课日记

材料力学课程组

突如其来的疫情给教学工作造成了巨大的困难，为了把不利的影响降到最低，力学学院及时响应学校和教育部的指示精神，本着“一课一案”的方针，迅速按下了疫情防控期间材料力学在线教学的“启动键”，决定我校材料力学采用自己研发的慕课平台 Smart Online Tutor System（简称 SOTS）来实施慕课教学。

本学期的材料力学总共 27 个教学班（含峨眉校区 6 个），土木和机械等专业共有 2 090 名学生（含峨眉校区 371 名），涉及 15 位任课教师（含峨眉校区 2 位），覆盖面广、影响大。

一、开课前

2020 年 2 月 10 日，我们组建了材料力学教师的微信群。2 月 11 日，课程组的全体教师通过教务处邮箱把慕课教学的安排以及每个教学班的 QQ 群号发送给了所有的学生，要求学生立即加群，并且对学生居家学习的条件开展摸底调查。对于迟迟没有加群的学生，老师们在教务处网站上查到学生的个人邮箱或电话后进行通知，做到了不遗漏一名学生。

2 月 16 日上午 10 点，离慕课教学正式开课尚有 8 天时间，课程组召开了教学团队的第一次视频会议，商讨了具体的实施方案，包括教学组织、学习内容的发布、学生学习行为的管控、可能出现的问题和学生没有计算机的处理办法。考虑到可能出现的网络拥堵和平台崩溃等问题，我们将 27 个教学班的 2 090 名学生均匀地分配到一周的 7 天当中（表 1），学生每次的学习任务都有一周的时间来完成，但将学习任务的截止日期定在 7 天中的某一天，这样就在有限的硬件条件下，有效地分散了服务器的负载和网络的流量。

表 1　疫情期间材力教师开课计划

	教师1	人数	教师2	人数	教师3	人数	教师4	人数	总人数
周一	唐××	318	无	无	无	无	无	无	318
周二	史×	196	刘××	86	无	无	无	无	282
周三	龚×	222	张×	55	于×	39	无	无	316
周四	江××	220	郭××	128	无	无	无	无	348
周五	喻×	74	包×	74	王×	77	朱××	62	287
周六	张×	140	林××	139	无	无	无	无	279
周日	陈××	232	唐××	71	无	无	无	无	303

2 月 16 日，我们专门录制了一份材料力学的开课视频，把疫情期间慕课教学的安排和计划告诉学生，并且明确规定第 9 周参加统一组织的期中考试，期末参加全校的统考，我们不降低水平、不降低要求。

2 月 17 日—23 日为预演周，按照视频会议商量的方案，进行了一次“带妆彩排”。所有的教学班均发布了一次测试视频和测试作业，要求学生在 17 日一天内完成，一方面对学生进行操作培训，另一方面有意测试服务器的抗压能力。测试过程非常顺利，服务器、网络和平台运行良好。18 日召开了第二次教师团队的视频会议，通报了 17 日预演周的测试结果，并且汇总学生加群的情况、拥有网上学习条件的情况以及完成测试任务的情况，根据情况决定 24 日按计划正式开课。

在预演周期间，收集到无在线学习条件的学生共 56 人。未完成测试演练的学生约 100 人，其中大部分是上学期在学习材料力学 AI 的过程使用过 SOTS 的学生。

2 月 20 日，我们调配了第二台高性能的服务器，相关工作得到了学校信息化与网络管理处（简称“信网处”）的鼎力支持。信网处以最快的速度批复了第二台服务器在公网上的 IP，并且把两台服务器的带宽提升了一倍，同时对两台服务器的网络环境进行了专项检查，并委托第三方对服务器和平台进行了安全性扫描，结果一切均符合要求。2 月 22 日，第二台视频服务器并网运行，为我们 24 日正式开课提供了强有力的设备保障。

二、开课中

2月24日，材料力学慕课正式开课。预料中的事情还是发生了，由于大量高校同时在线开课，网络拥堵现象十分严重，直到9:08网络才恢复正常。学生的问题铺天盖地、迎面而来，涉及计算机故障、网络崩溃和卡顿延迟等，幸好之前我们有12个学期的开课经历，有着充分的思想准备和技术预案，老师们兵来将挡，水来土掩。网络的拥堵和卡顿直接影响了学生学习活动是否顺畅，这个问题必须解决。

2月25—29日，网络的状态始终不是十分理想，有的时候上午会堵到10:30才能逐渐恢复。负责系统维护的老师先后采用了部分视频分流、服务器自动重启和降低数据库访问频率等办法，效果都不明显。

3月1日，将材料力学慕课100%的视频流量转到第二台服务器上，至此之后，学生系统突然变得十分流畅。

从3月2日开始，学生系统完全恢复正常，可以全天候24小时运行。一切恢复了平静，老师们可以把所有的精力全部用在课程的教学活动上。

任课教师按照教学日历，每周发布一次课，包括“聊课”视频（相当于上课）和网上作业（相当于课后作业）。选课的学生必须在SOTS平台上观看材料力学的慕课视频，回答视频中老师提出的各种问题，学生不答或者答不对，视频不往下播放。视频边讲边问，学生边学边答，互动问题中的已知数据都是随机的，学生则无法抄同学的答案。这种技术的运用，使得学生的学习行为得到了有效管控，提高了在线教学活动的有效性和安全性。否则学生把视频点开了，人跑了；或者人登录在线，但根本没有听课，这就出问题了。视频的提问和互动，也加强了学生的认真思考，促进了学生的深度学习。

视频学习完成之后，学生才能做网上作业。作业中包括选择题、填空题和计算题，很多题目的已知数据都是随机的，学生想在网上抄作业是很难的。所有的题目全部由系统自动批改，作业成绩按照20%的比例计入期末的课程成绩。任课老师对网上作业设定了最低分数线，达不到要求是不允许提交的。每次作业都有截止日期，过了截止日期，作业成绩打对折。

除了按时发布学习任务之外，任课老师必须回答学生在 QQ 群中提出的各种问题。由于上课和作业全部在线完成，特别是学生观看视频的过程需要频繁地回答视频中的问题，网上作业达不到老师设定的最低标准不准提交，因此学生在 QQ 群中提出的问题非常多，远超以往。据不完全统计，前两周每个教学班的 QQ 群中学生发布与材料力学课程知识和学习活动有关的问题平均在 30 个以上，学生在群里讨论相关问题的信息平均在 60 条以上。以江晓禹老师的学生 QQ 群为例，几乎每天都有 80 条以上的互动信息，老师跟学生一起讨论材料力学课程中的各种问题（图 1），一周累计应该在 500 条以上，这是平常面对面的答疑根本达不到的。在这种情况下任课教师在其中的投入可见一斑，从某种程度上讲学生的学习效果是老师投入的时间堆出来的。我们要求每位老师要在第一时间关注到学生提出的问题，老师并不需要马上给予解答，把问题留给学生，鼓励学生参与对问题的讨论。因此，在学生的 QQ 群中的讨论非常积极，获得了非常良好的学习效果。

6-1 试判别图示各结构是静定的，还是超静定的？若是超静定，则为几次超静定？

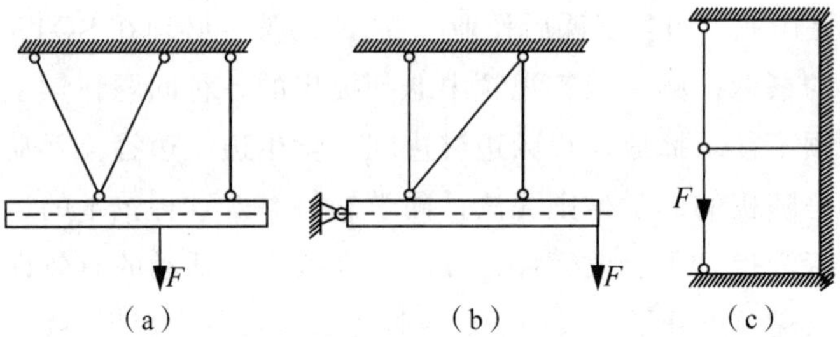

思考题6-1图

图 1　老师与学生讨论教材上的思考题

感人的事例非常多。江晓禹老师直到深夜还在 QQ 上帮学生分析网上作业中存在的错误。喻勇老师则把原有的工程力学网上作业题库中的题目一个个检查一遍，再一个个试做一遍，以便让学生做网上作业的时候不因题目设计有错误而出现问题（图 2）。张娟老师想尽各种办法收集电子教材，以解决学生使用教材的燃眉之急。

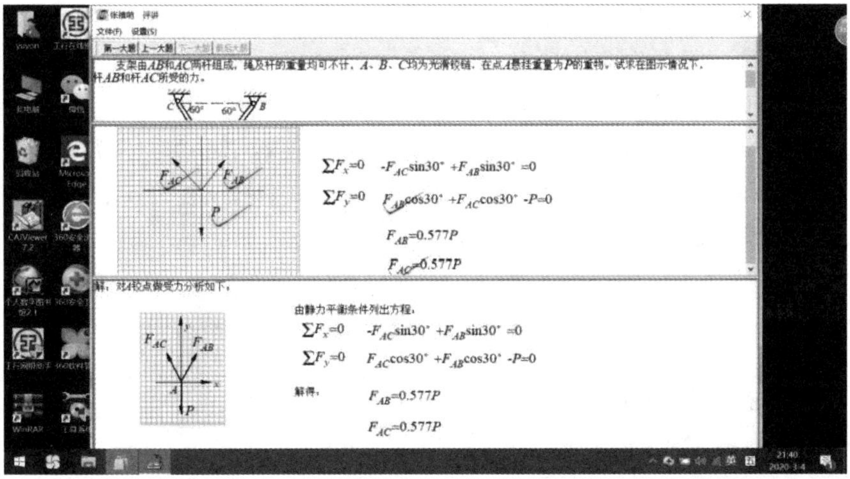

图 2　老师修改和检测题库中的作业题

张娟老师耐心地帮助学习有困难的学生。例如 3 月 7 日，对一位学习比较困难的学生（重修生，少数民族），从 20:12—23:18 持续在线指导 3 小时，最后终于使该学生按时完成了本周作业。

江晓禹、张娟和喻勇等很多任课老师利用腾讯会议和 QQ 课堂等工具不定期地给学生增补教学内容，例如刘宇杰老师让学生体会和讨论材力力学与理论力学的异同点，陈兴山老师给学生讲解网上作业中的问题。史智老师组织各种问题讨论和问卷调查，并推送大量的拓展学习资料。张波老师及时回复了学生在聊课互动过程提出的问题，保证了学生的视频学习高效、顺畅。每位老师都通过不同的方式和学生交流、互动，以保持学生在线学习的热度和效率。

负责系统维护和数据整备的储节磊老师，疫情期间穿梭于家庭和实验室之间，尝试使用各种技术方法来保障系统和平台的正常工作。

三、第一周的学习情况

截止到 3 月 8 日，学生已经完成了一周材料力学慕课的学习，既有鸡飞狗跳，又是乱中有序，忙乱属正常，有序是必然。按照教学日历，第一周材料力学 A II 学习简单拉压超静定问题，材料力学 B 学习绪论、轴向拉压的内力、应力和强度。在总共 2 090 名学生中，学生完成了第一周聊课视频的学习和网上作业的情况如表 2 和表 3 所示。从系统记录的学习数据来看，对于聊课视频，学生第一遍的学习时长均超过了视频时长，说明第一遍的学习是认真的；很多学生看完了一遍，又看第二遍，进行了有针对性的复习和巩固（图 3）。对于网上作业，很多学生都反复订正、反复批改，把作业成绩提高到了 100 分（图 4 ~ 图 6）。

表 2　材料力学 AII 第一周学习任务完成情况

序号	班级名称	周次	总人数	完成人数
1	材料力学 AⅡ-1 班	1	122	120
2	材料力学 AⅡ-2 班	1	100	95
3	材料力学 AⅡ-3 班	1	105	99
4	材料力学 AⅡ-4 班	1	100	98
5	材料力学 AⅡ-5 班	1	120	120
6	材料力学 AⅡ-6 班	1	98	89
7	材料力学 AⅡ-7 班	1	78	77
8	材料力学 AⅡ-8 班	1	91	89
9	材料力学 AⅡ-9 班	1	77	75
10	材料力学 AⅡ-10 班	1	80	79
11	材料力学 AⅡ-11 班	1	80	75
12	材料力学 AⅡ-工力	1	105	105
13	总计		1 156	1 121

表 3　材料力学 B 第一周学习任务完成情况

序号	班级名称	周次	总人数	第一次课完成人数	第二次课完成人数
1	材料力学 B-1 班	1	89	88	85
2	材料力学 B-2 班	1	101	100	97
3	材料力学 B-3 班	1	70	69	67
4	材料力学 B-4 班	1	62	62	62

续表

序号	班级名称	周次	总人数	第一次课完成人数	第二次课完成人数
5	材料力学 B-5 班	1	76	70	69
6	材料力学 B-6 班	1	76	74	73
7	材料力学 B-7 班	1	57	57	56
8	材料力学 B-8 班	1	61	60	60
9	材料力学 B-9 班	1	85	81	77
10	材料力学 B-10 班	1	83	82	81
11	材料力学 C-1 班	1	57	56	52
12	材料力学 C-2 班	1	40	37	36
13	材料力学 E 班		77	77	77
14	总计		934	913	892

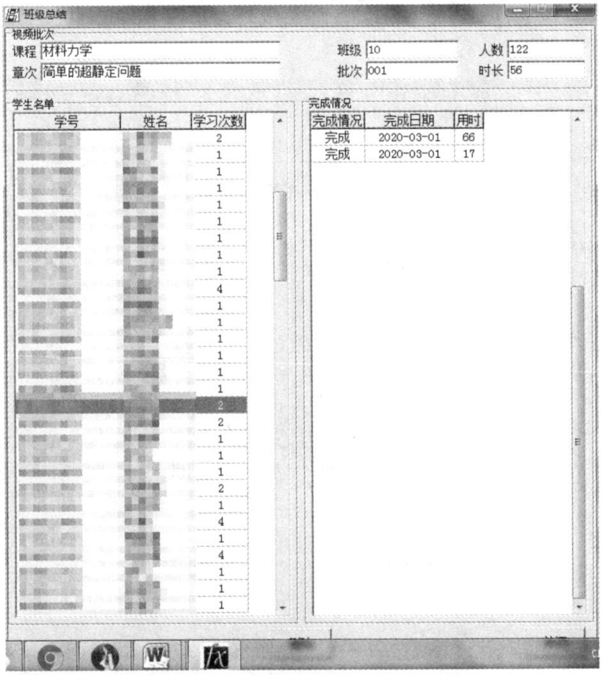

图 3 学生观看视频学习记录的查询

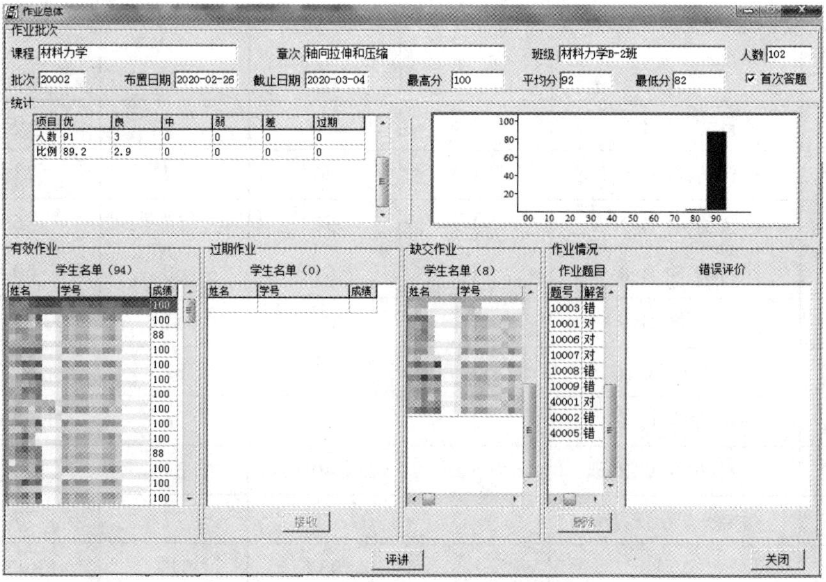

图 4　学生完成作业情况的查询

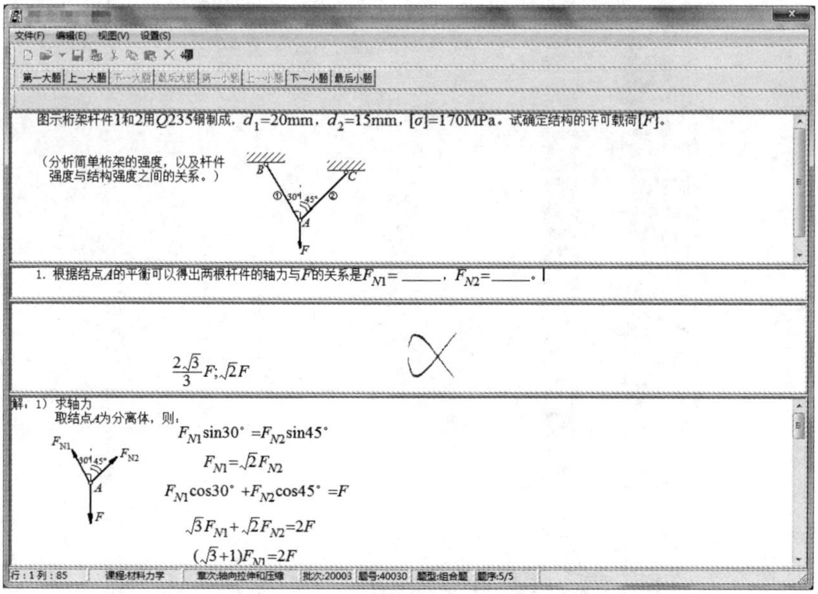

图 5　教师查询学生作业的具体情况（一）

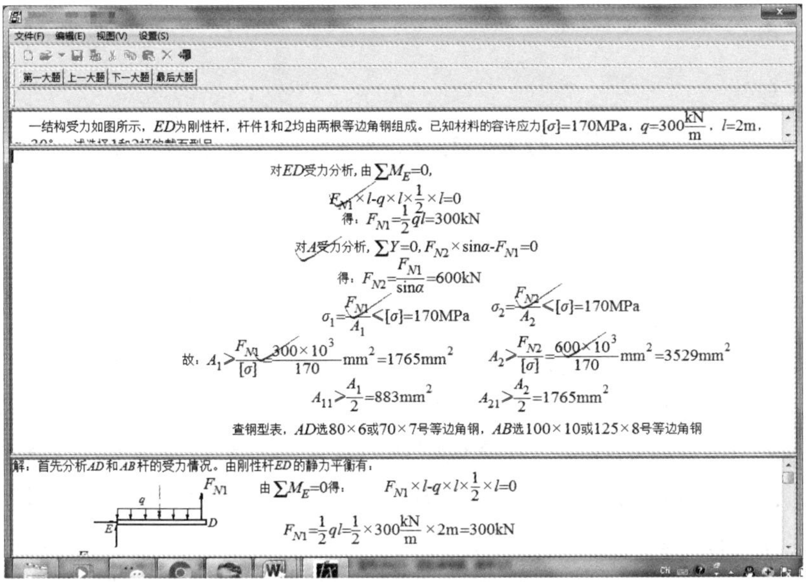

图 6　教师查询学生作业的具体情况（二）

四、开课后

本次在线教学工作的顺利实施得益于前期充分的准备工作。在此之前，我校材料力学已经实施了 6 年的慕课教学，共有 26 个教学班的 2 600 多名学生采用慕课技术完成课程学习。虽说这次疫情是突发事件，但是对我们而言慕课教学已经是常态，一切都能够有条不紊地组织和开展。

在接下来的几周内，教师团队将不断总结经验，继续按照原定的教学计划、教学日历，完成各项教学活动，不降低教学要求和质量。特别要做好以下几项工作：

（1）任课教师继续根据自己的教学设计，选择适当的内容，利用各种直播方式开展教学活动。

（2）重点关注学生学习的效果和质量，以及独立完成学习任务的情况。

（3）设计和挑选一些带有综合性和探究性的问题，以教学班为单位组织学生开展讨论。

（4）收集学生在 QQ 群中提出的各种问题，建立问题库，为后期建设材料力学自动答疑系统做准备。

雨课堂助力理论力学课程线上教学

力学与工程学院　葛玉梅

理论力学是一门理论性较强的专业基础课，是工科学生所学的第一门力学课程，也是后续各门力学课程的基础，同时又可直接应用于解决工程实际问题。本课程的任务是使学生掌握质点、质点系、刚体和刚体系机械运动（包括平衡）的基本规律，为学习有关的后续课程（如材料力学、结构力学等）准备必要的基础，初步学会应用理论力学的理论和方法，分析、解决一些工程实际中的力学问题。结合本课程的特点，使学生在下列各种能力上得到培养：

（1）逻辑思维能力（包括推理、分析、判断等）。

（2）抽象化能力（包括将简单实际问题抽象成为力学模型，进行适当的数学描述，应用力学理论求解）。

（3）自学能力、表达能力（包括用文字、公式和图形配合起来表达概念、描述问题等）以及定量计算能力和定性分析能力。

通过理论力学课程教学，对学生培养方案中毕业要求的支持有以下几个方面：

（1）工程知识：学会如何将高等数学、大学物理的知识应用于理论力学，并用理论力学的知识解决工程中的某些力学问题。

（2）问题分析：通过教学（包括课堂内外）各个环节让学生能够应用理论力学的基本原理，识别、表达、分析工程中的力学问题，并获得有效结论，以及结论在工程中的实际意义。

（3）沟通：能够应用理论力学的基本原理、基本理论、基本概念进行有效沟通和交流，包括书面表达（做书面作业）、口头表达（课堂发言）。

（4）终身学习：通过部分章节自学环节的安排，训练学生具有自主学习和终身学习的意识，从而有不断学习和适应发展的能力。

为实现理论力学课程教学目标，线上开课4周以来，采取了各种办法。下面简要介绍雨课堂各种功能在教学中的应用。

首先，在雨课堂中自建课程，学习雨课堂的各种操作办法，熟悉雨课堂平台的各种功能；上传已经录制的课程视频，以备雨课堂不能直播时用。然后是准备课堂直播用PPT，重点是准备各种互动问题，以活跃课堂气氛；客观题在课堂中组织同学练习，主观题以试卷方式发布；课件用于学生课后复习（重点难点以老师讲解为主，希望学生首次接触这些较难的概念，能准确把握）或预习（对要求学生自学的内容，老师精讲，通过测试检查自学效果）。

一、课堂互动

课堂上与学生互动是启发式、讨论式教学的基本方法，在传统课堂经常采用。传统课堂的优势是师生面对面，交流容易，但教师提问，学生回答时，难以让所有学生都有独立表达机会。即使班级规模小，也不易做到，让每个同学都回答问题。因为，同时回答，一窝蜂，听不清楚，也难以锻炼学生独立表达的能力；逐一回答，浪费时间，况且后面的同学会受前面发言同学的影响。采用雨课堂的测试题功能可以实现所有学生同时回答问题，独立表达，并实时展示该问题回答的正确率、参与情况等，线上教学过程中，不断展示学生回答问题参与度，起到了鼓励学生的作用。此外，学生还可以发弹幕，表达意见，在直播过程中老师可以及时解答。学生参与度非常高，教学班1（2019级力学拔尖班，理论力学 5学分，20人），因班级规模小，可以实现 100%回答问题。教学班2（2019 级土木工程，理论力学 4学分，90人），大多时候90%以上回答问题，（见图1）。为提升学习效果，促进学生不断思考，设计的问题主要有以下几种：

（1）将叙述变成问题，让学生发现答案，培养学生找到正确答案的能力。例如“学习理论”对学会知识的影响因素研究结果，不直接介绍，设计成问题，学生可以结合自己的体会回答，这样引导学生重视基础理论。图2所示为雨课堂中设计的问题举例。

（2）将学生熟知的“学而时习之”其中“习”的含义，设计成问题，引导学生推敲，而不是按直观或按印象去回答，很多同学回答“复习”，实际按字形分析，是指“实践”。由此要求学生，要达到理论力学课程目标，需要多思考，多练习（包括书面纸质作业、课堂各种问题回答等）。

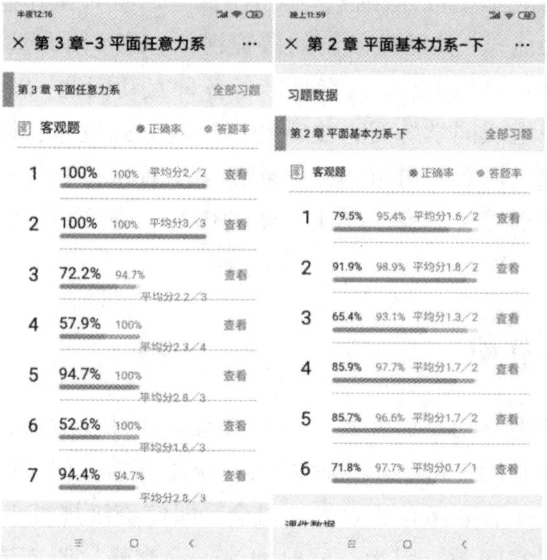

图 1　雨课堂直播过程实时回答问题数据

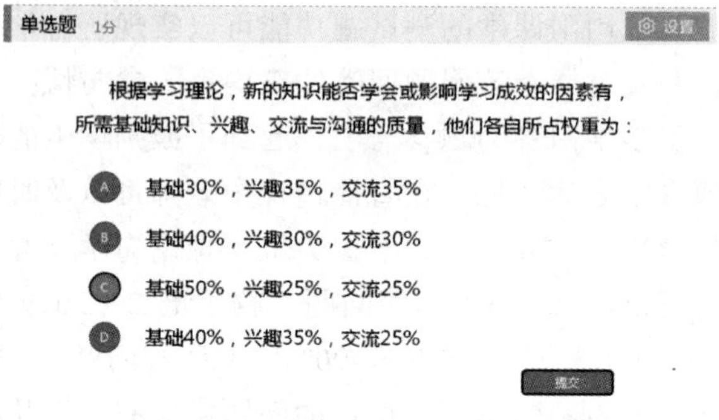

图 2　雨课堂直播过程设计的问题举例

（3）将教学中的难点、重点转化成问题。例如平面任意力系中“力线平移定理”不易掌握，设计问题“若不平移，可否简化？”（解决为什么？）平移后如何保证等效？（怎么做？）。

（4）答疑中发现学生不易掌握的内容。例如画受力图时，学生容易出错，将受力图中容易出现的问题展示出来，学生通过观察，有时会自行得出结论。最后再给出答案就很自然，也训练了学生自行得出答案并判断对错的能力。

（5）用问题逐步引入，培养学生掌握方法。例如，平面任意力系（复杂力系）简化成平面汇交力系与平面力偶系（简单力系）的组合，就是分析与综合方法的应用。提出问题“如何将复杂变成简单的组合？”，引导学生在学习过程中掌握方法，这样的话，学生学习理论力学其他内容（如空间力系）时或将来学习其他课程时可以应用。

（6）有些问题提出来，让学生发弹幕（雨课堂对弹幕也有记录，课后便于老师整理问题，下次改进）回答。例如讲解例题，分析解题意义，分析最后计算结果时，都可以提出问题，让学生发弹幕，以高效地了解学生的问题，再讲解时，会更有针对性。

（7）对有些内容计划安排自学，以培养学生自学能力。比如点的运动学，以雨课堂直播过程中发布测试题的方式，检查自学效果。

考虑网络传输有滞后，结合问题难易程度，每个问题给 3 ~ 5 分钟时限（时间太短，有个别同学回答了，来不及上传，非常沮丧。尤其大班，人多时，几个同学没有回答，发出信息，会影响课堂整体氛围）。根据学生回答问题情况，老师随即通过对答案进行比较详细的解析，无缝衔接地回到讲授过程。

二、试 卷

根据理论力学课程的特点，学生反映“理论容易，做题难”，因此，强化习题训练以培养学生有逻辑的、清晰的书面表达能力（用文字、图形、公式配合表达一个问题）很重要。主观题采用雨课堂试卷方式发布，每周 2 次课，每次课后布置，要求学生以拍照方式上传提交，设定截止时间，让学生树立规则意识。每次课后，讲评上次作业。由于截止时间不能更改，提交后，学生自己发现错了，也不能更改，渐渐地，学生养成了遵守规则的习惯。作业批改可以分题目改（类似传统线下流水线批改），也可以按学生逐个批改，助教及任课教师都比较容易了解学生情况；学生对作业有异议会及时联系老师，自己的问题也能及时发现。不会出现作业交了却找不到了、期末考试要复习时却发现自己作业有遗失等问题。作业成绩全程记录，有据可查，便于学生保存，考试复习时可用。

学习数据全程记录，学期结束时可以总结，如本学期课堂共多少问题、回答了多少、答对了多少。要求学生都要积极回答，即使答错了，分析错误原因，也能提高。雨课堂提供的回放功能，可以让老师反思教学中的问题，学生也可针对不懂的页面反复看。

上述各个教学环节（课堂学习表现、课件学习、试卷成绩）作为学习效果数据，计入学生的平时成绩。课后在师生的 QQ 群（开学前 2 周已建群）内发布，可以引起学生的注意。

结合课程特点，逐步引入教书育人元素，例如，设计互动问题，让学生自行举例这次疫情中既有良知又有知识，真正“知行合一”的典范，以及缺乏“良知”的表现，提出问题“没有良知，只有知识对社会的危害是什么？”，大部分同学自己就有答案了，逐渐形成以“成为有良知和知识的人”为人生目标。

本次线上教学刚刚开始，教学效果需要时间来检验。本着“教无止境，学无止境”的原则，希望通过教学各方共同努力，在实践中不断总结提高。最后提两点建议，这样即使疫情结束了，鉴于雨课堂的优良功能，可以总结经验，继续使用雨课堂，不断提升教育质量。也衷心希望雨课堂像春雨一样，潜入线上教学，促进学生茁壮成长。

三、建　议

（1）根据教学内容，一堂课中有些需要语音直播，有些需要桌面录屏，因此，雨课堂有多种功能，如语音直播、视频直播（如桌面录屏方式）等，它们之间的切换能够实现无缝衔接，即不用退出直接切换，学生端也不会出现黑屏等，学生教师都能有良好的用户体验。

（2）能嵌入会议功能，针对某些内容，老师可以组织小组会议方式讨论，传统课堂中不时也会有这样的方式。注意，对学生来说平台不宜过多，最好能集中使用 1～2 个平台，否则在不同平台中切换太多会浪费学生时间。

疫情现状下在线教学的再思考

外国语学院　贾蕃

2020年的新冠肺炎疫情让高等教育变得极为不平凡。按照教育部“停课不停学”的指导思想，各高校开展了在线教学，各种在线平台扑面而来，百花齐放，功能各异，大显神通。然而我们需要清楚地认识，即便是特殊疫情背景下的在线教学，终究需要高等教育“以本为本”，回归本科教学的本质，即以“学习”为中心。

需要指出的是，以“学习”（learning）与以“学习者”（learner）为中心有所不同。北京外国语大学中国外语与教育研究中心博士生导师文秋芳教授提出的“产出导向法”指出，以“学习者”为中心容易将教师在课堂教学的作用边缘化，又同时盲目扩大了学生的作用。学习者不能享受课堂的权威话语权，教师更不能对课堂教学内容放任不管。当前形势下，各种网络剧、电影、综艺在寒假占用了不少学习者的时间，不少学习者产生了或多或少的惰性。学生的学习需求、动机、兴趣固然重要，先不谈学习者的需求是否真的符合社会需求，但课堂教学仍旧需要在教师的指导下开展。教师需要发挥主观能动性，在课堂教学中引导和激发学生的学习兴趣，提高学习效率。还需要指出的是，以“学习”为中心与学生的自主学习并不矛盾。自主学习强调学习者思辨能力，自主决策和独立学习的能力。而这些能力的培养并非学习者与生俱来，仍需要发挥教师的促学作用。

其次，中国的大学课堂的容量更需要对“学习者”的需求再三斟酌，大部分课堂无法做到英美等发达国家的小班教学，也无法兼顾每个学习者的需求。如何平衡，怎样平衡，还需要教师深入思考。

在线教学最大的误区就是用网络技术影响教学内容。各类所谓的“打卡”“签到”“送花”等只是教学手段或者形式，并非教学内容。教师仍需要将重点放在教学内容本身，不宜花过多时间去研究各类花哨的平台。笔者推崇简单、易上手的简易平台，给教师和学习者在“技术”关减负，在“内容”关适当“加负”，提高课程内容的“挑战度”，主张通过在线平台回归传统的课堂、教室的教学环境。

笔者本学期开设了“英语语法”课程。经过考量，采取了提前录制视频，通过腾讯会议在线播放录制视频的方法。从教学工具上看，笔者录制视频时采用 Word 即时打字，等同于线下教学的黑板与粉笔。从教学过程上看，教学前视频的录制就是备课的过程。教学中要求学生准备纸笔进行摘录笔记，每个录制视频片段结束，通过平台与学生进行互动，开展答疑。教学后记录教学不足，方便后续平行班或今后教学的完善。从教学评价上看，关注学习过程的形成性评估，要求学生将笔记拍照发送到 QQ 群，教师可根据学生笔记的情况课后进行出勤考核。这样开展教学的好处有以下几点：

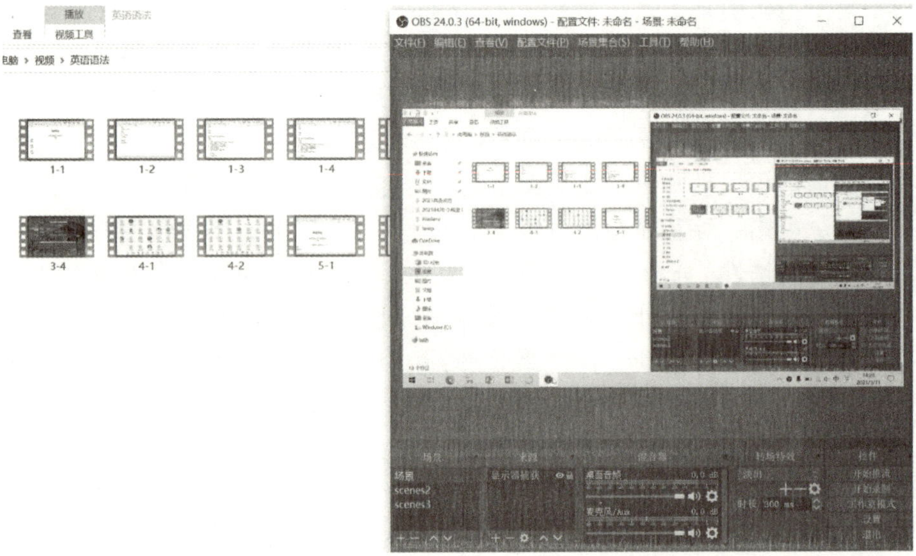

图 1　录制视频

第一，反思教学过程。提前录制视频，在正式上课时再次播放，实际上正是教师反思教学的最佳时期。这种体验是其他教学方式所无法实现的。有过“公共演讲”或“口译”类似教学经历的教师会建议学生录制自己演讲或者翻译的全过程，通过回放发现不足，提高语言能力。那么教师中能实现回放自身教学的机会可以说寥寥无几。通过正式上课时的即时回放录制视频，教师在实际教学时可检测、反思自己在教学内容、教学语言、教学方法方面的不足，发现问题时及时点击暂停，现场向学生进行解释或补充，这也是提高教师元认知能力的有效途径。

第二，提高学生关注度。碎片化教学时代学习者关注学习过程的持续性有所下降。相较于学生长时间观看计算机屏幕，视觉疲劳感剧增，传统教学的纸笔记录则可有效调动学习者的身体机能，再结合网络教学的多模态优势，有利于提高学习者的多元智能。另外，可根据教学进度让学生将笔记拍照发在群里，检查出勤只是手段，更重要的是让学习者自身意识到需要持续跟进网络教学进程。如果仅是简单地将教学 PPT 和教学文本资料放在平台上让学生观看，效果将大打折扣，毕竟疫情当前，学生家里配备打印机的仍属少数。此外，学生可在课后再次学习录制的教学视频，达到反复思考的效果。

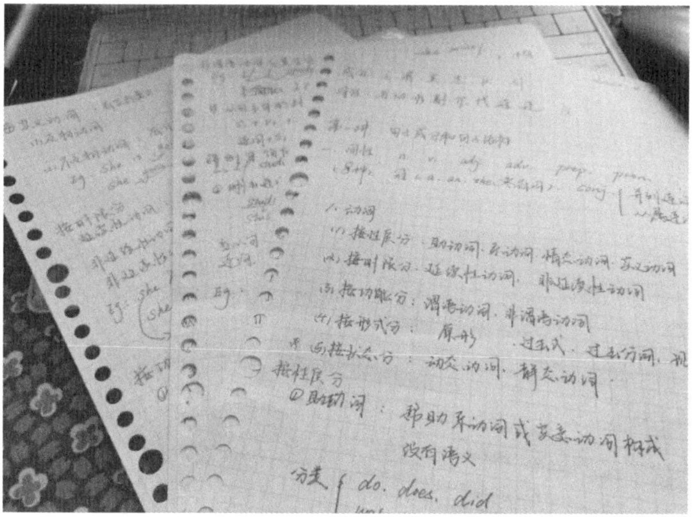

图 2　学习笔记

第三，提供课程预案。为防止在线平台无法使用，可提前半小时调试设备，如果设备或者网络出现问题可将视频发给学生，不影响正常教学。当然，如果选择靠谱的专业技术平台，网络问题则迎刃而解。

笔者分享这一方法，并非推崇所有课程，不区分专业、学生实际均一一效仿，而是希望和广大高校教师一起思考，如何在在线教学的背景下，让本科教育回归本质，构建“学习”的全过程。

< 返回 查看详情

4	脑子里搭建起了逻辑体系，知识不是散乱的了，掌握了很多遗忘或者忽略的知识点
5	已经学到了对词性的分类以及对动词的详细介绍
6	增加了英语语法的认识，语法并没有那么复杂，贾老师教我们用逻辑分析语法，在脑海中构建语法框架。到目前为止，在上课过程中，老师的讲解让我对一些熟悉的知识点有了新的理解，这是我最大的收获。
7	对语法的了解更加系统，不像以前的零散混乱，自己能根据老师的教学系统地归纳出语法学习中的繁杂知识点，受益很多。
8	对语法有了更全面、系统的掌握
9	终于把一块一块散开的语法分。门。别。类。地梳理了一次。
10	对语法有了一个更清楚的结构认识
11	对于语法的框架有了更清晰的认识，为之后的英语学习提供了帮助
12	语法框架，解题逻辑思路
13	网课教学知识结构更加系统，比线下教学更好做笔记
14	对语法的逻辑更加清晰
15	老师上课的节奏很好（个人不觉得快，刚好）；内容一如既往的好啊 都不知道怎么夸了 最大的收获是建立了第一课里讲到的框架 感觉对知识构成的认知瞬间清晰了
16	就拿今天说的为例 老师讲解了句子成分的分析 系统的梳理之下能够掌握

图 3　学生反馈

探索“互联网+”时代的教学新模式，构建学生主体的线上学习社群

土木工程学院　蒋雅君　郭春　金虎　孙吉祥

疫情当前，为保证“停课不停学”所开展的全面线上教学，对习惯于传统课堂教学的师生提出了挑战：教师怎样“教”，使线上教学活动不流于形式，达到“等效”“同质”的目的；学生怎样“学”，快速转变学习模式，达成课程的教学目标。鉴于此，笔者依托土木工程学院城市地下空间工程专业的专业主干课“地下建筑学”的线上教学工作，对如何有效开展课程的“教”与“学”进行了一定的探索。

一、建立基于SPOC模式改进的授课模式，采用部分知识点录播+线上直播集中授课的模式开展教学

（1）选择超星学习通作为课程的教学平台，并依托课程QQ群，加强对学生学习全周期的交流和指引，构建学生主体的线上学习社群。

（2）将线上自学、线上集中授课的学习负荷比例，从常规SPOC模式的30%：70%调整为60%：40%。

（3）编写课程在线教学指导手册，统一课程团队教师课程教学资料的制作标准。

（4）将章节知识点进行解构，录制10~15分钟的微课教学视频，便于学生的碎片化学习。

图 1　线上教学平台

图 2　微课教学视频

（5）将课件根据微课视频进行了对应的分解，并搭配每个知识点的小测试，及时检验学生学习效果，并及时向学生反馈。

二、课程的教学设计及实施

本课程的教学设计（以第 1 讲绪论为例），已经在教务处的线上教学优秀课程案例分享中进行了介绍，此处仅介绍相应的设计思路。

1. 教学设计思路

目标：学生自主构建一个知识单元。

步骤：向学生提供基本的原料（知识点供给），让学生掌握制作方法（知识点的逻辑关系形成），最终学生能自主完成知识单元构建。

由此，结合 SPOC 教学模式，将一讲课的教学活动分为课前（自主学习）—课中（集中授课）—课后（课后作业）三个阶段，采取不同的教学策略和活动设计，达成教学目标。

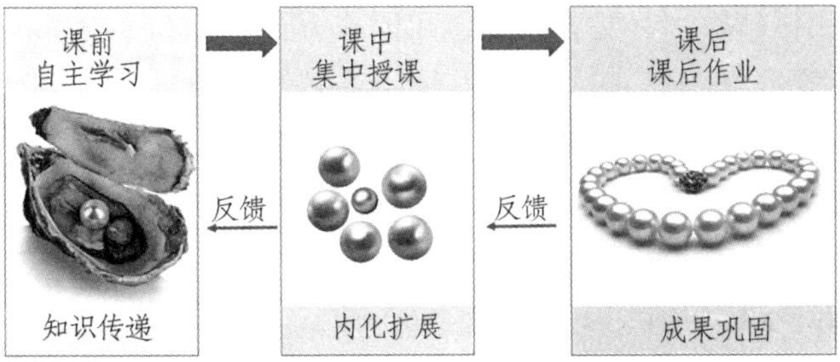

图 3　教学设计思路

2. 教学过程设计与实施

（1）课前阶段：如何实现知识点的有效供给？在本课程中，主要是通过在课程平台上提供的微课视频、知识点课件、补充的学习资料以及测试与反馈来实现的，让学生在授课开始前，以任务驱动的方式先对主要知识点进行前期学习，形成初步的概念。

（2）课中阶段：如何实现知识点的内化扩展？可以包括知识点串讲、案例研讨、互动交流、随堂测试等方式及反馈，将知识点再次进行梳理和强化。需要注意的是，由于线上教学的特点，需要在一节课中适当设计一些教学活动，在教学节段中插入一些停顿点（研讨、提问、点评甚至是主动休息等），避免长时间的讲授造成学生注意力分散。

（3）课后阶段：如何进行知识点的巩固强化？通过课后作业及反馈，复习本讲课的主要知识点，让学生再次巩固本讲课的教学内容，最终能掌握教学内容和形成知识单元体系。在学生完成作业的过程中，教师实时在线提供相应的指导，让学生能更好地巩固课程的主要知识点。

3. 教学实施效果与反思

截至笔者撰稿前，本课程已经完成了前 2 讲课的授课，总体上实施的情况较为良好，但也存在如下的不足：

（1）部分学生对网络学习的方法不适应，少数学生迟迟不登录课程网站进行课前的学习，影响授课效果。

（2）部分学生对网络课堂的在线互动、发言存在一定的畏惧心理，同时学生对网络平台的操作方法也需要进一步熟悉，或者是由于学生手头硬件设施不足等原因，在课堂的互动环节存在时间较长、中间有迟滞等问题。

（3）在引导学生转变学习理念和模式方面，教师的引导、激励作用还有待加强，线上学习社群作用的发挥还需要再进一步提升。

总体而言，对于教师和学生来说，还需要对这种教学模式有一个适应的过程，需要在教学实践中不断调整和完善。

三、课程线上教学的一些思考

（1）线上教学不应步入技术为先的误区，适度即可。工作重心应以教学模式的选择、教学设计为要，做好课程教学资源和教学活动的组织，充分保证教学效果。

（2）教师牢记以学生为中心的目标，教法无定法，怎样最有效达成课程教学目标就怎样教。

（3）教学平台的选择，建议考虑因素如下：

① 应允许教师有平台选择的自由度，比如本课程主要是基于学习通丰富的学情分析功能、丰富的图书资源，综合比选以后确定选用超星学习通。直播平台选用课程 QQ 群，学生不需要额外安装其他 APP，简单且稳定。

② 在满足线上教学工作要求的同时，还应兼顾短期教学和课程长期建设的需要，保证课程建设的可持续性。

③ 平台种类不宜过多，否则学生负担较重，容易产生厌烦心理。

（4）及时调整教学模式，既要适应当前在线教学要求，又要考虑疫情结束恢复正常教学秩序时的教学要求，更要预判信息化教学推广和普及的势头，提前做一些探索和思考，为后续正常形势下加强“互联网＋”信息化教学做好前期准备。

（5）以课程 QQ 群为依托，构建同年级、同专业学生为主体的学习“社群”，充分发挥学生在“社群”里的互动、交流所形成的朋辈效应和合作互助，促进学生自主学习动力的生成。同时，教师避免过度干预，起到引导、适当约束的作用。

加强过程控制，确保设计质量

——利兹学院 IDP2 线上教学思考

土木工程学院、利兹学院　赵坪锐

一场严峻的新冠肺炎疫情打乱了我们的生活计划，包括我们已制订好的正常教学计划。为确保学生学习不受影响，学校布置了线上教学任务。根据课程特点和学生实际情况，笔者对本学期承担的 6 门课程的教学和 14 名学生的毕业设计指导进行了针对性设计。下面就笔者承担的利兹学院课程 Integrated Design Project2（简称“IDP2”）同大家分享关于实践类课程线上教学的认识：利用各种手段加强过程控制，确保最终设计质量。

一、课程特点

本课程是为利兹学院土木工程专业学生开设的一门综合设计课程，实践性较强，学生需结合以前学习的结构力学、建筑材料等专业基础知识，针对给定的三种场地情形分别采用 RC 和 STEEL 两种方案，设计出满足使用要求和使用面积需求的五层办公楼，并完成施工性、耐久性及可持续性等设计审查，掌握完成设计所需的 BIM 和相应软件的使用方法。

本课程主要分为三大模块：RC 设计、Steel 设计和设计审查，分两学期运行。上学期的 RC 设计部分已顺利完成，本学期将开展 Steel 设计和设计审查。

本课程重点在于帮助学生将实际房屋结构与结构力学和建筑材料等理论知识建立联系，并采用工程语言进行表达，成果包括详细设计计算过程和利用 BIM 输出的成套图纸。这是一门实践性极强的课程，加强过程控制是保证最终设计质量的关键。

二、学生特点

本课程对象为利兹学院土木工程专业大三学生，已掌握结构力学、建筑材料等专业基础知识，并已完成一个较为完整的 RC（钢筋混凝土）房屋设计。从课前的调查问卷（有效问卷 54 份）结果可知，学生目前分布在全国 19 个省级行政区的 33 个城市，所有学生均具备网上上课所需的设备和网络环境。

三、线上教学实践

针对该课程实践性极强和学生已具备一定专业基础素养以及疫情期网络授课等特点，为避免网络拥堵影响教学，笔者决定采用在可靠平台建设录播课程、细化设计流程、严格跟踪每日进度、课程网站讨论及共性问题录制答疑视频的方式开展教学工作。

1. 建设网上课程

选择利兹大学 Minerva 和智慧树网站建设线上课程。智慧树课程网页包含全部课程资料（包括学习公告、任务、视频、文字及作业），学生可自行下载学习。Minerva 则包含除视频之外的所有课程资料，以便英国同事掌握授课进程。视频通过录制 PPT 方式制作，学生在学习过程中有不理解的可以反复观看，便于弹性安排学习时间，避免拥堵。

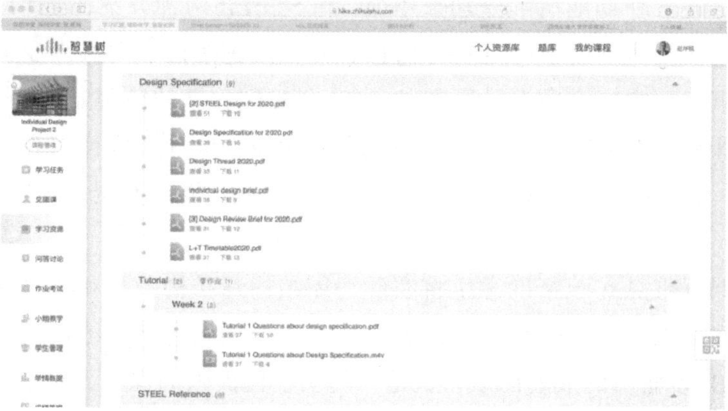

图 1　智慧树课程网站

图 2　Minerva 课程网页

2. 细化设计流程

由于利兹学院课程每周时间、地点不固定，加之本课程须完成一个较为复杂的结构物设计，涉及的环节众多。综合考虑多方面影响因素，笔者细化了课表与设计流程的对应关系，提前对学生进行公布；在布置学习任务时明确提出每日进度，并通过问卷调查、平台统计、作业提交统计等形式及时掌握学生学习情况，对未及时完成任务的学生进行及时督促。

Designation	Type	Date	Scope
[1] STEEL 1	lecture	Monday, 2nd March	Steel scheme design@[1] STEEL 1Scheme Desing
[1] STEEL T1	Tutorial	Wednesday, 4th March	Theme=Review your cheme design@OA2-1.2
[1] STEEL 2	Lecture	Friday, 6th March	Steel detail design@[1] STEEL 2Detail Design(slab, beam)
[1] STEEL T2	Tutorial	Tuesday, 17th March	Theme= Calculation and design of slab and beam
[1] STEEL 3	lecture	Wednesday, 18th March	Steel detail design@[1] STEEL 3Detail Design(column, connection and bracing)
[1] STEEL T3	Tutorial	Friday, 20th March	Theme= Calculation and design of column and bracing
[0] OA-IT	lecture	Monday, 23rd March	IT Assignment@[1]OA4 Embedded IT Assignment
[1] STEEL T4	Tutorial	Wednesday, 25th March	Theme= Spreadsheet and mechanical analysis software
[1] STEEL T5	Tutorial	Friday.27th March	Theme= Review STEEL detail design
[3]DR1	Lecture	Monday, 6th April	Introduction @Design Review lecture 1
[3]DR2	Lecture	Tueday, 7th April	Construction @Design Review Lecture 2
[3]DR-T1	Tutorial	Wednesday, 8th April	Theme=Site Safety(Hazards spotting)
[3]DR3	Lecture	Thursday, 9th April	Durability @Design Review Lecture 3
[3]DR-T2	Tutorial	Friday, 10th April	Theme=Constructability/Durability
[3]DR4	Lecture	Monday,13th April	Sustainbility @Design Review Lecture 4
[3]DR-T3	Tutorial	Wednesday, 15th April	Theme=Sustainbility
[3]DR-T4	Tutorial	Monday,20th April	Theme=Submission, Reflective report
[1] Group A	Workshop	Monday,24th April	Personal Presentation,Group A
[1] Group B	Workshop	Monday, 27th April	Personal Presentation,Group B
[1] Group C	Workshop	Friday, 1st May	Personal Presentation,Group C
Deadline		**Tuesday, 12th May**	**Design Review Report - Submission Deadline**

图 3　细化设计流程

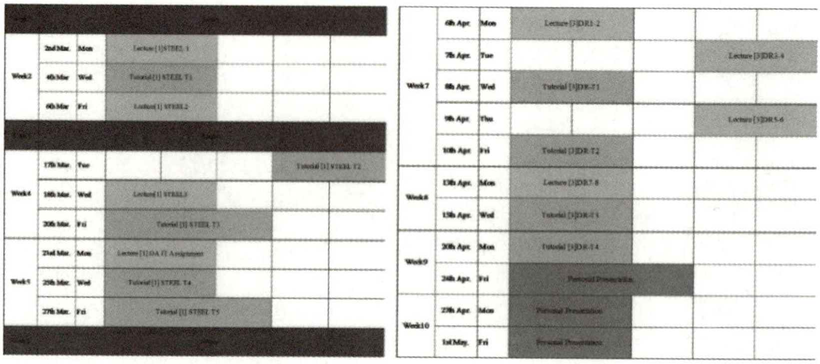

图 4　细化课表

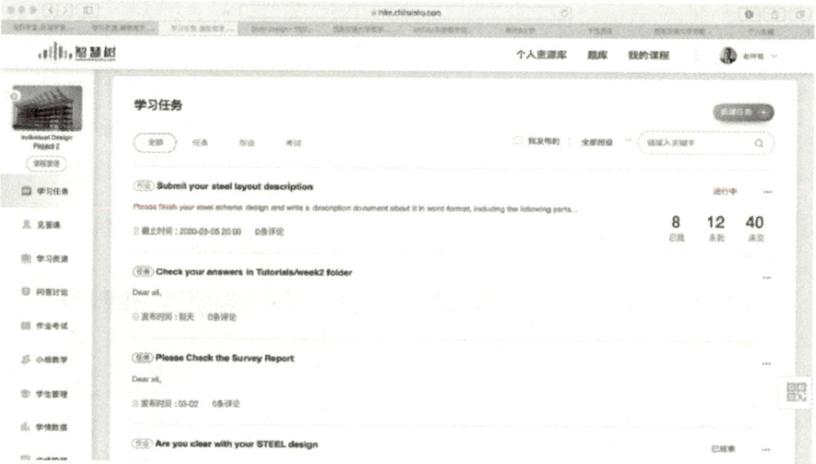

图 5　及时发布学习任务

3. 严格进度管理

由于本课程是个人设计项目，且疫情期间老师不能当面督促，学生能否按时完成既定任务就成为课程能否顺利开展的关键。为此，笔者在设计规范中明确规定各阶段所需提供的资料和截止日期，必须及时完成每一阶段的任务才能进入下一阶段的学习。

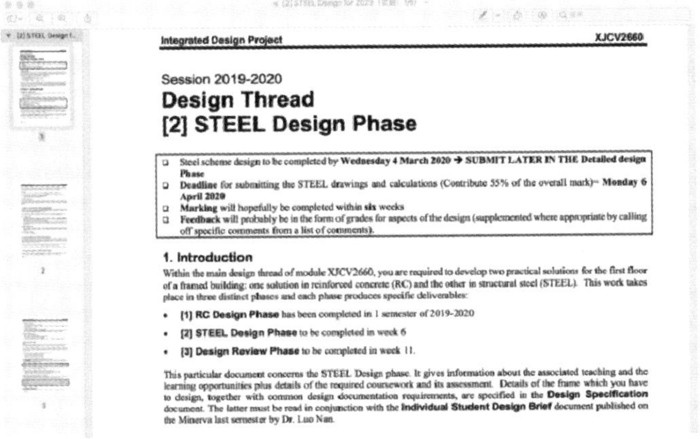

图 6　在设计规范中明确各阶段的截止日期

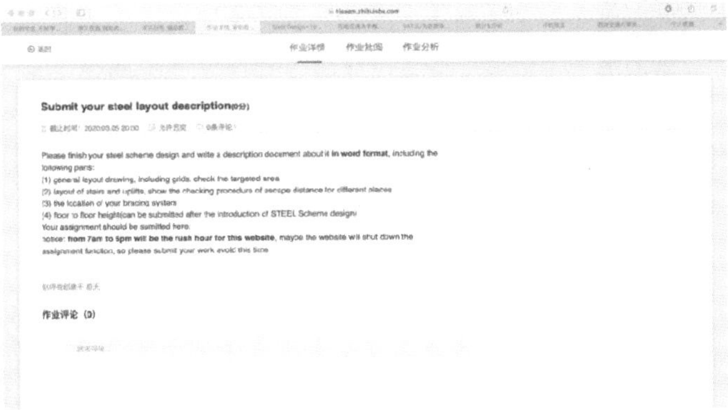

图 7　以作业形式掌握学生进展情况

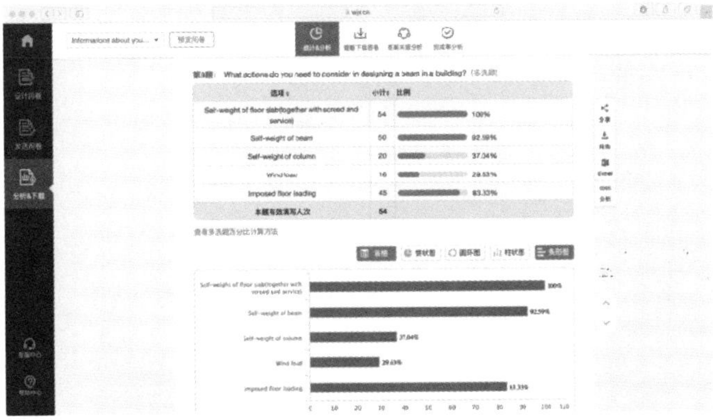

图 8　以问卷形式了解学生对任务的明确程度

4. 加强师生互动

疫情期间网络授课师生和生生之间的面对面交流急剧减少，正常情况下容易解决的事情有时变得非常困难，学生碰到困难无法及时解决时难免会感到孤独无助。为缓解学生的孤独无助感，加强师生沟通、了解学生所需并及时为学生提供帮助成为本课程教学的关键所在。

（1）早在开课之前半个月即2月17日，笔者就发布了课程第一条公告，提醒学生可以由焦虑地关注疫情进展逐渐转移关注本课程学习了，同时发布了课程设计规范的相关文档。

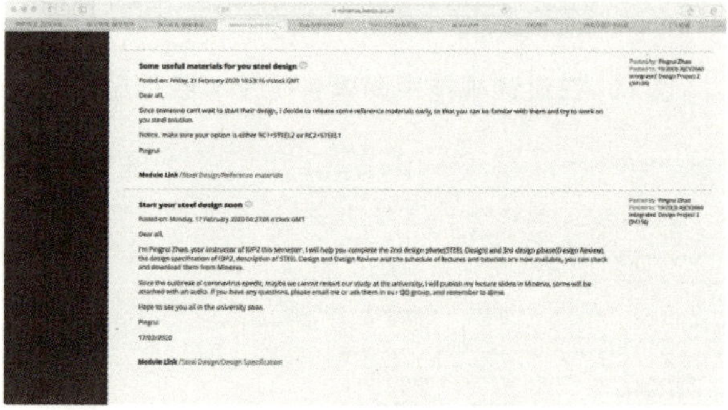

图9 第一条课程公告

（2）开课之前就学生对设计要求是否明确进行了问卷调查，并就调查报告中反映出的问题（图10中框出部分）整理成报告反馈给各位学生。

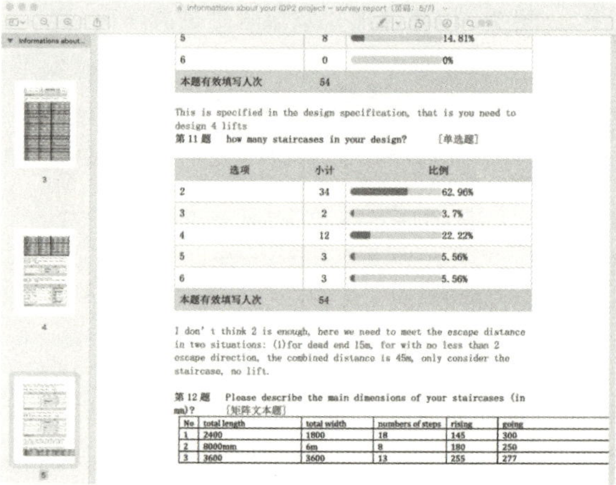

图10 问卷调查报告

（3）鼓励学生在课程讨论区发表各自的疑问和观点，便于更多的学生思考和理解并解决所提出的问题。

（4）根据课程网站的统计数据提醒学生们及时完成阶段任务。

（5）随时在线，及时回答学生的提问。

（6）及时批改学生作业，对作业中暴露出的问题提出详细反馈意见。

（7）通过助教收集学生反映的各种问题，针对较为突出的问题制作答疑 PPT、录制答疑视频并及时发布。

四、心得体会

受疫情影响，全国大中小学校均在开展网络授课，高峰时段网络资源占用极高，难以保证直播课程的流畅，对于毕业设计等实践性较强的教学环节，可参照该方法开展录播课程教学，以保证教学质量。

网上教学设计应基于课程特点和学生特点有针对性地开展，多从学生角度出发进行全方位思考，充分利用网上翻转课堂优势，引导学生利用网络资源在相对弹性的时间内进行自主学习。在行课过程中，教师应采用多种途径及时把握学生进度、了解每位学生在学习过程中遇到的问题并给予帮助，保证设计项目的顺利开展。

互动教学在专业课线上课堂中的热运用与冷思考

交通运输与物流学院　李力　文超　彭其渊

活跃的课堂气氛是枯燥的专业理论知识“入脑”“入心”的不二法门。就线上课堂而言，失去了师生之间面对面交流的优势，屏幕两端师生双方的主动性、积极性、创造性如何激发？课堂互动的方向与互动效果如何掌握？是当下“停课不停学”在线专业课课堂教学发挥实效性必须要解决的问题。

一、线上课堂互动教学的“热运用”

借助于各个在线教学平台功能服务的不断完善以及师生对于新媒体技术的熟练掌握，多种互动式学习方式在当下的线上课堂上使用。以笔者所教授的“行车组织”课程采用的在线课堂管理平台“慕课堂”为例，它不仅可以实现对 SPOC 课程学生学习进度的管理，如学生对提前发放的视频的学习时长、习题得分的排行榜、话题讨论参与的次数等，同时又能在在线腾讯会议教学的过程中发起互动话题、发放调查问卷、发布课堂练习等。学生参与互动的所有数据均能在第一时间从平台上获得，任课教师对平台上反馈的数据进行分析，可以比较清晰地了解学生对知识点的掌握情况，进而调整自己的教学节奏。总体来说，各个平台所提供的互动手段虽形式不一，但都在一定程度上提高了学生课堂学习的主动性。但是，在当下平台互动热运用的背后，仍需要对专业课的在线互动式教学做一些冷思考，让互动真正地发挥效果。

二、专业课在线课堂互动教学的“冷思考”

1. 互动基于平等

教学中的互动是为了实现教师与学生之间的信息沟通，是一个双向互动的过程。在线上课堂中，由于缺少线下传统课堂的约束和凝聚力，学生对课堂的参与感会相对降低，从而导致互动教学流于形式。提高学生课堂参与感、发挥课堂互动教学实效，关键就是让学生觉得自己是课堂的主人，了解每讲课的流程与内容，知道自己要学什么，重难点是什么，自己在课堂的学习中主要精力应该放在哪一个环节，每个环节的收获会是什么，也就是学生和老师一样，能平等地掌握课堂。

在运输专业核心专业课“行车组织”的在线教学中，教学团队给出了明确的评价标准，如表1所示。同时，课程组将32讲课的教学内容按线上视频学习和线上授课做了详细的划分并提前发放给学生，如表2所示。学生可以获知每一讲课的线上视频学习内容、线上课堂的讲授侧重点以及每一讲课所需达到的教学目标。结合明确的评价标准，学生即使不能坐在教室里，也能充分地了解课程的各个教学环节，进而主动地与同学和老师进行交流，产生互动，从单纯接受者的角色转变为学习过程的主体，从“要我学”到“我要学”。

表1 “行车组织”课程评价标准

编号	组成	占比	标　　准
1	课后讨论	15%	同学们需要在“课堂交流区”中参加老师发起的讨论，在“课堂讨论”中回复的数量达10条及以上且获赞较多可以获得讨论成绩的满分。本课程会多次发起讨论，同学们可根据兴趣选择参与
2	线上测验	10%	每一周学习视频发布时会同步发放该周的单元测验，题型为单选、多选、判断、填空，用以检测同学们的预习效果
3	线上作业	25%	线上作业共6次，会分别在第3、4、5、7、11、14周随学习视频同步发放，均为分析计算题。习题采取学生互评后老师审核的方式评分，不参与互评的同学只能获得评分成绩的80%
4	线上考试	10%	本学期课程结束后，客观题的考核采用线上答题的方式进行
5	课堂作业	10%	利用腾讯视频进行授课时所发放的随堂小问题
6	线下考试	30%	针对复杂工程问题所展开的线下闭卷考试

表 2　课时安排及教学目标

课次	利用 SPOC 平台进行线上学习内容	利用腾讯会议直播讲解重难知识点	教学目标
1	绪论： • 课程的内容和特点 • 铁路运输的技术经济特征 • 铁路运输生产过程 • 铁路运输采用的科学生产管理办法	• 铁路运输生产过程 • 铁路运输采用的科学生产管理办法	认知领域：能列举行车组织的研究内容，能讲述铁路运输的技术经济特征，能描述铁路运输生产过程中采用的科学生产管理办法； 技能领域：能图示整个铁路运输生产过程； 情意领域：能建立铁路运输是一项各专业各环节协调运作、密切配合的生产活动的思想意识
2	绪论： • 铁路运输的发展 • 我国铁路的现状及所面临和需解决的问题	• 我国铁路所面临和需解决的问题	认知领域：能提取铁路运输方式的发展阶段、特点及优越性； 情意领域：可以展望铁路运输未来的发展，树立行业自信、文化自信
3	车站概述： • 车站的概念及分类 • 车站的生产活动 • 中间站的技术作业过程 • 技术站的技术作业过程 • 车站的组织管理系统	• 中间站的技术作业过程 • 技术站的技术作业过程	认知领域：能复述车站的生产活动内容，指出车站与其他分界点的异同； 技能领域：能比较中间站与技术站的技术作业过程的异同； 情意领域：能形成车站组织管理的系统构架
4	接发列车工作： • 列车分类 • 车站接发列车工作 • 技术站列车技术作业	• 车站接发列车工作 • 技术站列车技术作业	认知领域：能识别不同种类的货车及列车，能解释接发列车的作业过程和程序； 技能领域：能比较不同类型列车在技术站的作业过程的异同； 情意领域：能建立“铁路通信与信号”专业基础课所学内容与本部分的联系，并形成系统性思维
5	调车工作： • 调车工作概述 • 调车设备及驼峰调车作业过程 • 驼峰调车作业方案 • 牵出线调车作业	• 调车设备及驼峰调车作业过程 • 牵出线调车作业	认知领域：能指出调车的一般设备，辨别驼峰调车方案的特点及适用条件，归纳调车的种类； 技能领域：比较推送调车与溜放调车的异同； 情意领域：建立“铁路通信与信号”专业基础课所学内容与本部分的联系，形成系统思维

续表

课次	利用 SPOC 平台进行线上学习内容	利用腾讯会议直播讲解重难知识点	教学目标
6	调车工作： • 调车的基本要素 • 调车作业计划概述及解体调车作业计划 • 编组调车作业计划	• 编组调车作业计划	认知领域：能描述调车钩与调车程； 技能领域：能编制列车的调车作业计划及按站顺编组的摘挂列车调车作业计划； 情意领域：可以评价调车作业计划的优劣
7	货车集结过程： • 货车集结过程 • 货车集结时间 • 集结参数 • 理想货车集结过程	• 理想货车集结过程	认知领域：能界定货车在站集结过程； 技能领域：能计算货车集结时间，能概算集结参数； 情意领域：通过理想货车集结过程、简单货车集结过程、一般货车集结过程的学习，建构从理想到简单再到复杂的科学思考方法
8	取送车作业： • 取送车作业类型 • 合理取送车方案计算	• 合理取送车方案计算	认知领域：能例举取送作业组成因素、分类，能表述取送车问题； 技能领域：能评选取送车方案； 情意领域：通过取送车问题的学习，能够检讨现场作业、提出压缩停时的建议，进一步形成铁路生产环环相扣的系统思维
9	车站作业计划： • 车站子系统协调 • 车站作业计划 • 班计划编制	• 班计划编制	认知领域：能列举车站子系统的构成； 技能领域：能编制班计划； 情意领域：能从系统角度阐释各子系统协调的条件，培养大局意识及协调意识
10	车站作业计划： 阶段计划编制	• 阶段计划编制	认知领域：能描述阶段计划的内容； 技能领域：能编制阶段计划，计算车站作业指标； 情意领域：能鉴别阶段计划的优劣，同时在计划的编制过程中形成协作意识

续表

课次	利用 SPOC 平台进行线上学习内容	利用腾讯会议直播讲解重难知识点	教学目标
11	• 车站调度指挥 • 装卸车统计 • 现在车统计 • 货车停留时间统计和货车出发正点率统计 • 车站工作分析	• 现在车统计 • 货车停留时间统计	认知领域：能列举车站调度调整措施； 技能领域：能计算车站作业指标； 情意领域：通过对车站作业计划的学习，能评量车站作业计划的优劣，并检讨提高车站作业计划编制质量的措施
12	小结		
13	货物列车编组计划： • 车流组织 • 列车编组计划 • 列车编组计划的要素 • 装车地直达列车编组计划 • 装车地直达列车编组条件 • 装车地直达列车效益分析	• 列车编组计划的要素 • 装车地直达列车效益分析	认知领域：能描述车流组织的主要工作，识别货物列车编组计划的内涵，界定装车地直达列车； 技能领域：能分析装车地直达列车效益，评估装车地直达列车的编组基本条件； 情意领域：能标准化直达运输组织水平的指标，形成方案决策制定过程中的全局意识
14	技术站列车编组计划： • 单组列车编组计划的基本编制原理 • 单组列车编组计划的绝对计算法	• 单组列车编组计划的绝对计算法	认知领域：能解释单组列车编组计划的基本编制原理； 技能领域：能通过绝对计算法编制单组列车编组计划
15	技术站列车编组计划： • 表格计算法 • 分组列车编组计划 • 货物列车编组计划的确定与执行	• 表格计算法	认知领域：能归纳分组列车编组计划的编制方法，能列举编组计划检查的基本条件，能提取编组计划执行的一般过程及要求； 技能领域：能通过表格计算法编制单组列车编组计划
16	列车运行图概述： • 运行图概述 • 运行图表示方法 • 运行图的分类 • 运行图要素一	• 运行图要素一	认知领域：能说明列车运行图的作用、分类，识别列车运行图的要素； 技能领域：能分析装车地直达列车效益，评估装车地直达列车的编组基本条件； 情意领域：深刻理解铁路严肃缜密的工作性质

续表

课次	利用 SPOC 平台进行线上学习内容	利用腾讯会议直播讲解重难知识点	教学目标
17	列车运行图要素： • 车站间隔时间 • 追踪列车间隔时间	• 车站间隔时间	认知领域：能复述各车站间隔时间； 技能领域：能使用相关计算方法； 情意领域：深刻理解铁路严肃缜密的工作性质，展望我国列控技术、通信信号技术发展对铁路能力的积极影响，培养文化自信
18	铁路区间通过能力： • 运输能力 • 区间通过能力计算 • 中间站停站的区间通过能力计算	• 中间站停站的区间通过能力计算	认知领域：能解释铁路通过能力及输送能力； 技能领域：能计算区间通过能力以及中间站有停站的区间通过能力
19	扣除系数法： • 非平行运行图通过能力计算 • 铁路综合维修天窗设置 • 高速铁路通过能力的计算特点 • 高速铁路通过能力计算	• 非平行运行图通过能力计算	技能领域：使用非平图铁路区间通过能力的计算方法进行能力计算，剖析行车与天窗的关联； 情意领域：深刻理解不同国情路情下有不同的目标和要求，一切方法的选择都应该理论联系实际
20	列车旅速及区段管内工作组织： • 列车旅行速度 • 区段管内工作量 • 区段管内列车铺化方案	• 区段管内列车铺化方案	技能领域：能计算列车旅行速度、区段管内列车数，能铺盖区段管内列车； 情意领域：学会关联生产实际与理论研究
21	机车及动车组运用工作组织： • 机车交路 • 机车乘务组织 • 机车周转时间 • 动车组运用工作组织	• 机车周转时间	认知领域：能识别各类型的机车交路与乘务换班方式； 技能领域：能计算机车周转时间； 情意领域：能对比机车及动车组的运用方法，关联我国动车的发展，培养文化与制度自信

续表

课次	利用 SPOC 平台进行线上学习内容	利用腾讯会议直播讲解重难知识点	教学目标
22	列车运行图的编制： • 列车运行图的编制 • 旅客列车运行图的编制步骤 • 货物列车运行图的编制步骤 • 高速铁路列车运行图编制 • 列车运行图的指标	• 列车运行图的指标	认知领域：能说明运行图的重要指标； 技能领域：能编制列车运行图，计算运行图相关指标； 情意领域：能阐释既有线与高速铁路列车运行图编制的异同
23	铁路运输能力加强： • 运输能力的适应性分析 • 加强运输能力的途径 • 加强运输能力的措施	• 加强运输能力的措施	技能领域：能分析运输能力适应性的方法，归纳铁路运输能力加强的途径和措施； 情意领域：关联路网整体运输能力的提升方法，了解一代代铁路科研工作者在提升运输能力上所做的努力，培养学生奉献精神及行业自信
24	小结		
25	铁路枢纽工作组织： • 铁路枢纽概述 • 枢纽内车流改编作业的分工 • 枢纽内其他作业的分工 • 枢纽内的车流组织 • 枢纽内的列车运行组织	• 枢纽内的车流组织 • 枢纽内的列车运行组织	认知领域：能列举枢纽的分类； 技能领域：能区别枢纽内车站的车流改编作业分工方案； 情意领域：培养全局意识，用全局思维评量点线能力协调
26	月度货运计划： • 基本概念 • 月度货运计划的作用	• 月度货运计划的作用	认知领域：能复述货运计划相关概念； 技能领域：能阐释货运计划的内涵与作用
27	技术计划数量指标： • 技术计划的概念 • 使用车计划、卸空车计划及工作量 • 空车调整计划、分界站交接货车数及列数	• 空车调整计划、分界站交接货车数及列数	技能领域：能推算重空车流，能编制铁路运输生产技术计划，能计算技术计划的相关统计指标； 情意领域：通过重空车流调整的学习，培养协调合作的意识

续表

课次	利用 SPOC 平台进行线上学习内容	利用腾讯会议直播讲解重难知识点	教学目标
28	技术计划质量指标： • 货车周转时间 • 管内工作车、移交车、空车周转时间 • 货车周转时间各项因素的确定	• 货车周转时间 • 管内工作车、移交车、空车周转时间	技能领域：能计算货车周转时间，管内工作车周转时间、移交车周转时间、空车周转时间； 情意领域：能辨析货车周转时间的主观因素与客观因素，结合生产实际提出压缩货车周转时间的建议
29	运用车及机车 • 运用车保有量计划 • 机车运用计划 • 运输方案的内涵 • 运输方案的编制与调整	• 机车运用计划	认知领域：能解释运输方案的内涵； 技能领域：能计算运用车保有量，能编制与调整运输方案； 情意领域：深刻理解科学管理方法在铁路系统中的地位与作用
30	铁路运输调度工作： • 铁路运输调度概况 • 铁路运输调度的机构设置及任务 • 车流预测 • 车流调整	• 车流调整	认知领域：能列明铁路运输调度工作的内容，阐明铁路运输调度的一般组织结构，解释行车调度指挥自动化内涵； 技能领域：能运用车流预测、车流调整的方法及列车运行调整的一般策略； 情意领域：关联车流调整与列车调整，培养调度指挥工作中的系统意识
31	• 运输工作日常计划 • 日计划编制 • 列车运行调整概述 • 行车指挥自动化 • 调度集中系统（CTC） • 列车运行控制概述 • 运输统计与分析	• 运输工作日常计划 • 运输统计与分析	认知领域：能说明高速铁路调度指挥内涵； 技能领域：能运用高速铁路调度指挥一般策略； 情意领域：能对比传统数学方法与数据驱动方法下的高速铁路列车运行调整理论与方法，展望智能调度的发展，培养创新意识和行业自信
32	高速铁路调度指挥系统： • 高速铁路调度指挥概述 • 高速调度指挥体系理论 • 中国高速铁路调度指挥系统 • 高速铁路列车调度指挥 • 数据驱动的高速铁路列车运行调整理论	• 中国高速铁路调度指挥系统	认知领域：能说明高速铁路调度指挥内涵； 技能领域：能运用高速铁路调度指挥一般策略； 情意领域：深刻理解我国的调度指挥发展历程就是铁路采用科技兴业的发展历程，深刻感受一辈辈铁路人的艰辛努力和奉献精神

2. 高质量的互动带来长久新鲜感

线上教学开始之初，学生们都有较大的热情和新鲜感。随着教学进度的不断推进，新鲜感消退，尤其是缺少线下课堂学习的约束，学生们的懈怠感逐渐产生。简单的课堂互动可以在一定程度上抓住同学们的注意力，但想让学生对课堂保有长久的新鲜感，则必须有高质量的互动。笔者认为，高质量的互动包含了以下三个层次。

一是互动要有价值，不能为了互动而互动。互动的内容应该与专业课程密切相关，如行业的热点、学科的前沿等，既利于学生大胆提出自己的观点，又能培养学生对所将要从事行业的关注和热爱。比如在“行车组织”的绪论讲授中，课程组从各行各业的奉献精神引出铁路人在疫情中的担当，与同学们一起讨论铁路货物运输组织中有哪些方法和手段可以加快货物的运输，在尽可能短的时间内将物资送往疫区。互动在老师的引导下从传统的技术作业过程谈到智能铁路，从车站工作组织谈到列车的调度指挥，从职业责任谈到家国情怀。整个互动既发散了大家的思维，又为同学搭建了铁路行车组织的整个框架体系。

二是互动要有针对性。任课教师应该把握课程的重点、难点、易错易混点，使选择的互动问题具有重点价值，同时采用多种教学手段激发学生们的兴趣，使学生在思维的碰撞中生成知识，培养分析和解决问题的能力。

三是互动要有梯度、有反馈。互动应该遵循递进式原则，低起点、小步子，将重难点问题设计成由浅入深、由易到难的递进式问题，让学生逐个突破，层层深入。比如在学习“折角车流”时，课程组设计的问题如下：① 双向三级六场的编组站衔接 A、B 两个方向时，各个方向的有调中站车在站内的走行径路是怎样的呢？② 路网性编组站通常衔接的方向都会超过两个，假设双向三级六场的编组站一端衔接 A、C 两个方向，另一端衔接 B 方向，那 A→B、B→A、C→B、B→C、A→C、C→A 的有调中转车的站内走行径路又是怎么样的呢？③ 上一问中，出现了折角车流，结合本学期大家学习的“行车组织”和“铁路车站与枢纽”谈谈如何能更有效地组织站内的折角车流呢？在三个问题学生讨论完毕后，老师梳理并总结大家的发言，给出正面、积极的反馈形成有效的“闭环”系统。

结束语

线上教学的互动对教师们提出了更高的要求。教师不仅要有较强的驾驭线上课堂的能力，让学生围绕教学内容而互动，还要能够预见教学互动过程中可能遇到的各种问题，以免在教学中使自己处于被动的地位。只有通过不断地提高科研水平和反复运用互动教学教法，科研与教学相长，才能充分发挥互动教学在专业在线课堂上的实效。

促进学生高效学习的“电机学”在线教学模式实践与探讨

电气工程学院
葛兴来　邱忠才　王嵩　刘黎　郭冀岭
邹滨　吕晓琴　丁菊霞　王涛

一、课程介绍

“电机学”课程是西南交通大学电气工程及其自动化专业的核心基础课。学生通过了解各种典型电机的基本结构，分析电机中电、磁、力、运动等物理问题，掌握各种常用电机的工作原理、运行特性、实验方法和操作技能，能够将数学、自然科学、工程基础和专业知识用于解决电机相关工程问题，并通过研究分析得出有效结论，为进一步学习专业课程作好准备，并可以培养学生分析、解决工程设计问题的能力[1, 2]。

二、线上课程准备

在网络讨论中,《电机学》被认为是电气专业的“四大天书”之首，极其难学。2018 级电气学院参加“电机学”课程学习的学生有近 500 人，春季学期开课又遭受疫情的影响，需要开展在线教学，如何有效保证教学质量，是电机课程组每一位老师每天都关注思考的问题。

开课前两周，课程组 9 位老师即建立微信课程群，积极商讨如何开展网络在线教学。开课前一周，建立 2020 年春季教学 QQ 群，通过教务网邮件系统邀请学生加入，并分享课程用教材讲稿、网上参加课程学习的流程说明等资料。开学前，针对每一个教学班又建立了班级 QQ 群，方便授课教师开展具体指导。

经过课程组老师集体讨论，决定采用 SPOC + 慕课堂 + 直播互动的形式开展在线授课。其中在线教学视频以我校在中国大学慕课平台建立的“电机学”MOOC 课程构建同步 SPOC 为核心而开展。该 MOOC 课程为西南交通大学电机学教学团队完成，在已顺利完成的两个学期教学中，选课人数分别为 7 663 人、5 946 人，通过不断更新教学资源，优化课程设计，得到了选课学生的一致认可及好评。2020 年春季学期为该课程的第三次开课，开课第二周，网上选课人数已达到 3 660 人。

慕课堂为中国大学慕课平台配套的线上线下辅助教学环节,具备签到、习题、问卷、讨论等功能，配合 SPOC 教学，实现在线开放课程落地到课堂教学的迫切需求，解决“从慕课到课堂”的痛点问题。直播平台选用雨课堂、腾讯会议等，可与学生实时互动、进行答疑、在线练习等交互学习。

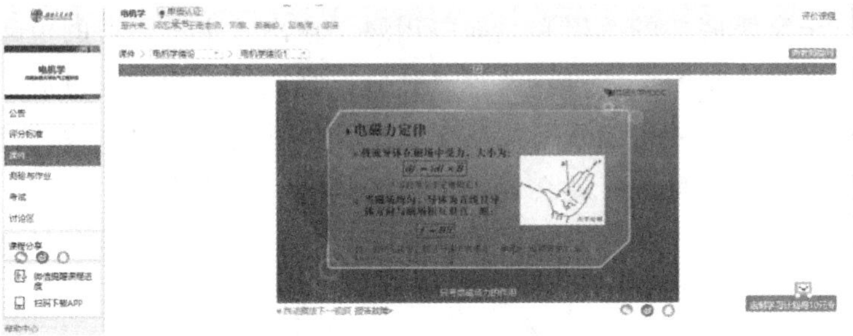

图 1　中国大学慕课平台教学视频资源

图 2　慕课堂教学设计

基于上述教学平台的配合，实现多个教学环节有序设计、紧凑衔接，保证了在线课堂教学的连贯性和有效参与度。

三、课程设计案例

1. 教学理念

学习科学的理论指出，为了使学习达到精熟水平，学生必须获得相关成分技能，通过练习整合这些技能，并且知道何时运用所学技能[3]。对教师来说，为了帮助学生开展高效学习，明确认识到达精熟水平所需要的条件，这是非常重要的。美国缅因州国家训练实验室研究证实，不同的学习方式下学习者的吸收率是不同的，这就是著名的学习金字塔。从学习科学角度看，金字塔底部的练习和立即应用属于输出式主动学习的范畴，更有利于学习者深层学习。所以，课程设计应以高效课程学习为目标，引导学生开展相关练习，并设置合适的难度水平及能够达到满足作业标准所需要的数量和频率，这种练习就会促进学生的学习和行为表现。

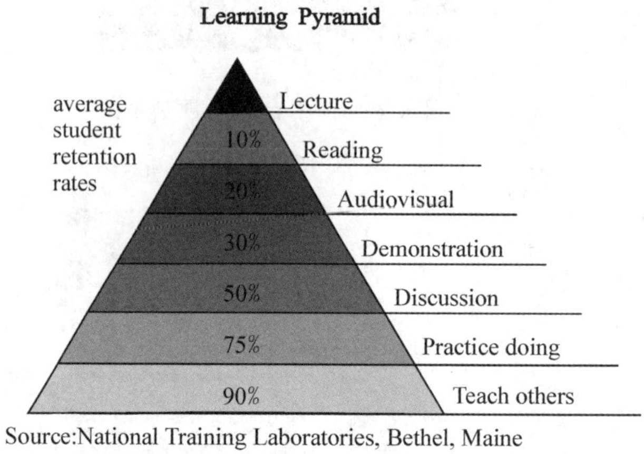

图 3　学习金字塔

2. 设计样例

在已开展的两周教学中，根据课程实践及学生反馈意见迭代完善，形成了线上教学设计安排表。

表 1　教学安排（一）

2020年2月27日（8:00–9:35）教学安排

时　间		教学安排	备　注
课前	7:40–7:50	慕课堂、腾讯会议等平台教学环境准备	设备调试
	7:50–8:00	播放《京沪高铁：动车组的牵引供电系统》	腾讯会议播放
第一节课	7:50–8:05	签到	慕课堂开启签到，统计学生
	8:05–8:45	课堂直播：介绍磁路和磁性材料	腾讯会议直播
课间	8:45–8:50	课间休息	
第二节课	8:50–9:20	课堂直播：介绍能量转换基本定律	腾讯会议直播
	9:20–9:25	习题练习	慕课堂完成
	9:25–9:35	周总结讨论	慕课堂完成
课后	慕课堂公告作业：规定时间完成后扫描上传QQ群		

说明：1. SPOC绪论第3个视频自由观看（可选）；
　　2. 腾讯会议直播遇阻则转入QQ课堂，还有问题时转入QQ群语音和文字直播。

表 2　教学安排（二）

2020年3月3日（14:00–15:35）教学安排

时　间		教学安排	备　注
课前	预习	SPOC视频2-1、2-2、2-3、2-6；电子书相关部分	2-4、2-5选学，要记住绪论
	13:40–13:50	慕课堂、腾讯会议等平台教学环境准备	设备调试
	13:50–14:00	播放西南交通大学校歌MV	腾讯会议播放
第一节课	13:50–14:05	签到、课前答疑	慕课堂开启签到，统计学生
	14:05–14:45	课堂直播：直流电机的工作原理、结构、额定参数	腾讯会议直播
课间	14:45–14:50	课间休息	
第二节课	14:50–15:10	课堂直播：直流电机绕组和励磁方式	腾讯会议直播
	15:10–15:15	在线习题练习	慕课堂完成
	15:15–15:35	计算题练习及分享	手动完成并分享屏幕
课后	慕课堂公告作业：预习视频2-7至2-9直流电机磁场，电动势和电磁转矩		

说明：1. 准备好纸、笔，熟悉拍照、腾讯视频分享功能；
　　2. 腾讯会议直播遇阻则转入QQ课堂，还有问题时转入QQ群语音和文字直播。

该设计理念，包含课前、课中、课后三个部分。课前预习中自学 SPOC 课程中的教学视频，上课前 20 分钟开始调试准备教学平台、开启签到，并引入学校专题宣传片、中国高铁电气化发展宣传片等视频资源，增加学生对学校发展、轨道交通发展的认识；上课开始及下课时分别播放交大上课铃音和下课铃音，增加课程学习的仪式感；课中以促使学生进行高效率的输出式学习为目标，采用二分课堂授课模式，即 2/3 的时间利用腾讯会议直播进行知识点串讲与答疑，配合 SPOC 教学视频完善学生对所学知识的认识；1/3 的时间利用腾讯会议或慕课堂进行在线习题练习，在规定时间内锻炼学生的实作能力，加深对所学知识的理解；课中穿插利用慕课堂签到、问卷和公告等功能规范学生的学习习惯，并了解学生对课程的感受及建议；课后通过慕课堂公告布置作业，巩固在线学习内容。

四、学生反馈

针对前两周上课中采用的教学平台及教学设计环节进行了问卷调查，学生普遍反映课前预习采用慕课视频资源内容比较精炼，课中辅以直播平台的知识串讲及在线练习，课后作业加深巩固的模式，做到了课堂双向输出，符合学生的听课习惯，更有易于学生接受。

参考文献

[1] 孙旭东. 电机学[M]. 北京：清华大学出版社，2012.
[2] 戈宝军，梁艳萍，温嘉斌. 电机学[M]. 北京：中国电力出版社，2016.
[3] 苏珊·安布罗斯. 聪明教学 7 原理：基于学习科学的教学策略[M]. 上海：华东师范大学出版社，2016.

疫情下远程在线混合式教学模式的思考及探索

数学学院　王璐　卢鹏

对在线课程的教改探索已经有几年时间了，但是这次疫情对我们原有的在线课程教学体系产生了很大的影响。这是因为，原有教学模式主要是采用线上学习加线下教学相结合的混合式形式进行。采取这种混合式的优点在于，教师一方面可以充分利用网络优质教育资源，另一方面又可以结合课程重难点及学生学习异质性特点进行线下授课、辅导及讨论等。但在疫情暴发师生无法面对面授课的情况下，目前已有的线上及线下混合式教学模式难以实践。基于此况，本学期数学建模团队充分结合在线教学资源及课程本身自有资源进行教学模式的创新探索。

一、假期插电学习

2020 年 2 月初，学校教务处和教师发展中心提供给广大教师丰富的在线课程建设资源，有关于线上课程如何开展的，也有线上教学平台如何使用的，还有在疫情之下教师与学生如何调整好心态，避免心理压力及焦虑情绪等。这些我们都进行了认真学习，并提高了自身的线上教学理论与实践水平。

二、远程教学资源整合、开发及优化

疫情暴发突然，授课方式的转变更紧急。在 2020 年 2 月初，学校要求老师们积极准备在线课程方案时，留给我们的时间也只有短短半个月。如何在这么短的时间内，做好授课内容与方式的优化调整呢？我们进行了系统化的思考。由于在中国大学生 MOOC 网上已有本课程相应的教学资源，我们考虑要充分利用这些资源，同时结合我们团队的授课要求对其内容进行完善及优化。我们提出了本学期采用“国家精品在线课程资源 + 云班课APP”进行远程在线教学方式。

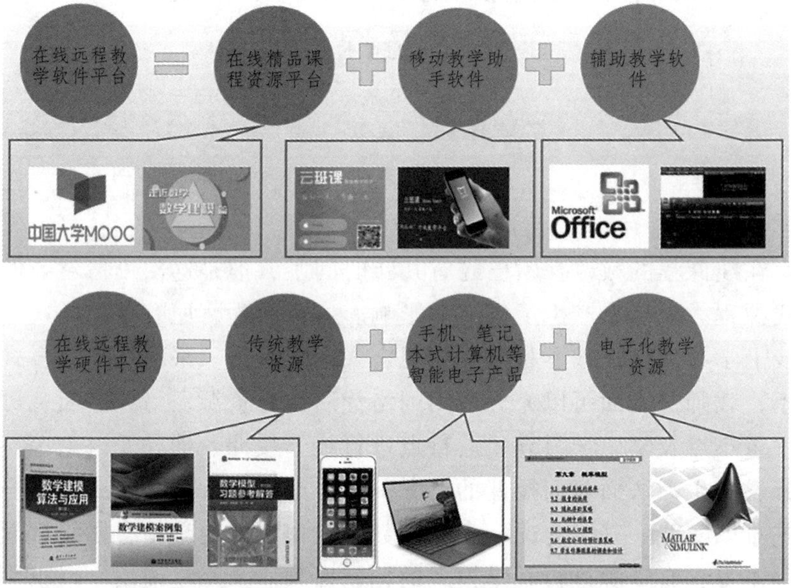

图 1　远程在线教学方式

三、远程混合式教学模式的构建

结合不同教学资源进行在线教学，本学期我们提出了远程混合式教学方案。具体设计如下：

（1）从教学时间看，以周为时间单位讲授课程，学生可随时进行在线学习，故课程学习可以贯穿整周。

（2）从教学资源看，混合使用优质在线课程资源及教学团队的内部资源两个部分。一方面提供给学生国家在线精品课程资源，利用其进行课程教学；另一方面，进行差异化及个性化教学，开发团队课程教学资源，提供给学生在线精品课程未能提供或需重点强调的教学内容。

（3）从教学过程看，混合使用在线 MOOC 固定式授课过程及蓝墨云班课互动式授课过程。

（4）从教学平台看，混合使用国家在线精品课程平台和蓝墨云班课APP两个网络平台。

（5）从教学互动看，混合使用每周固定时间直播授课和全天任意时段在线学习答疑相结合的形式。

（6）从教学辅导看，蓝墨云班课为学生和教师分别配置了助学助手“小蓝”和助教助手“小墨”，能够实时推送师生开展云教学的精准数据，对于新入手的老师操作有很好的帮助。

（7）从教学评价看，混合学生在国家在线精品课程学习及蓝墨云班课的考核结果。

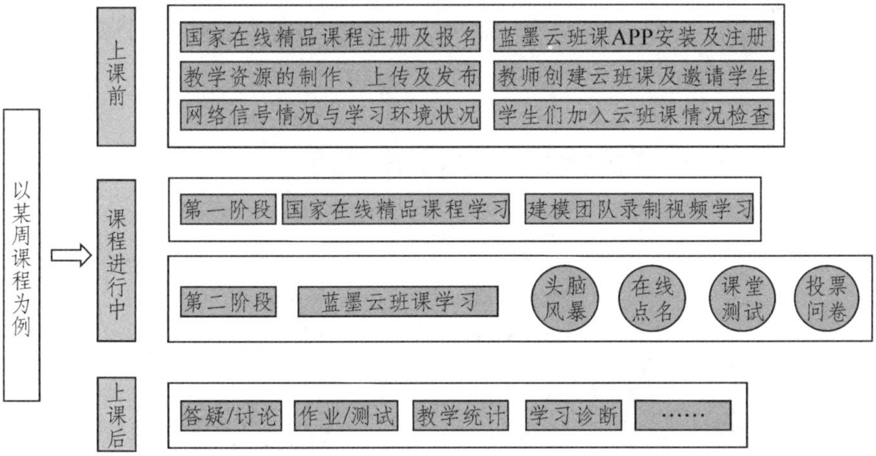

图2　远程混合式教学方案

四、具体实践的几点体会与思考

1. 提前做好课程替代预案

在线课程教学首先要有良好的网络及软件条件。面对全国集中在线授课的网络堵塞压力，虽然我们选定云班课作为混合教学平台，但是也担心平台会出现拥堵或瘫痪影响教学的情况，所以提前进行了后备方案的设计。课程团队成员先后尝试了雨课程、腾讯会议、QQ视频直播等教学平台，当出现教学平台意外时，可以轻松地转换平台，达到在线不停学的目的。

2. 开展丰富多样的线上活动

学生在线观看直播或视频的学习形式较为单一，从教学反馈来看容易引发学生的疲劳感，从而降低学习效果，我们团队对内容组织进行了多层次的活动设计，具体包括趣味签到、随机抽人、头脑风暴、讨论交流、投票问卷、实时测试等一系列活动。

3. 基于大数据的学情分析

线上教学与线下教学一个很大的不同就是反馈与交流，线下教学时学生与教师可以零距离交流。但在线上师生之间总感觉隔着一层冷冷的屏幕。然而学情分析是开展教学设计的重要环节。团队利用云班课特点，实时反馈学生的学习动态，从学生的经验值入手，了解学生总体参与课程的活跃程度，同时也能查找每个学生参与每个活动的情况。

五、远程混合在线互动学习案例

案例 1：互动讨论——圆周率的计算。

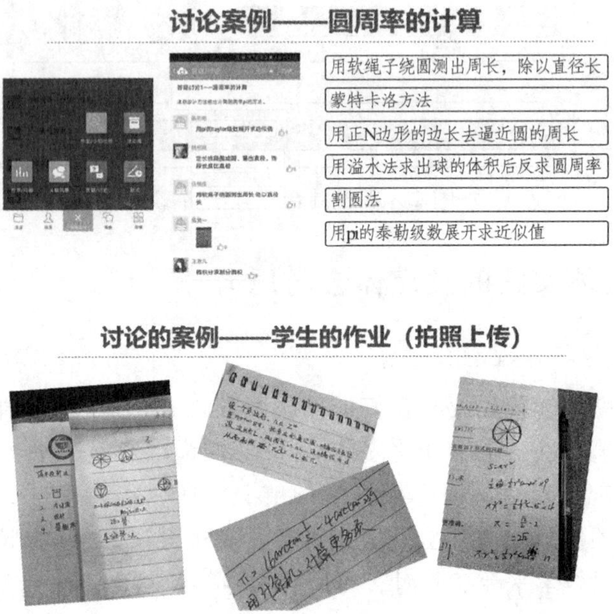

图 3　互动讨论

案例 2：在线作业及批阅。

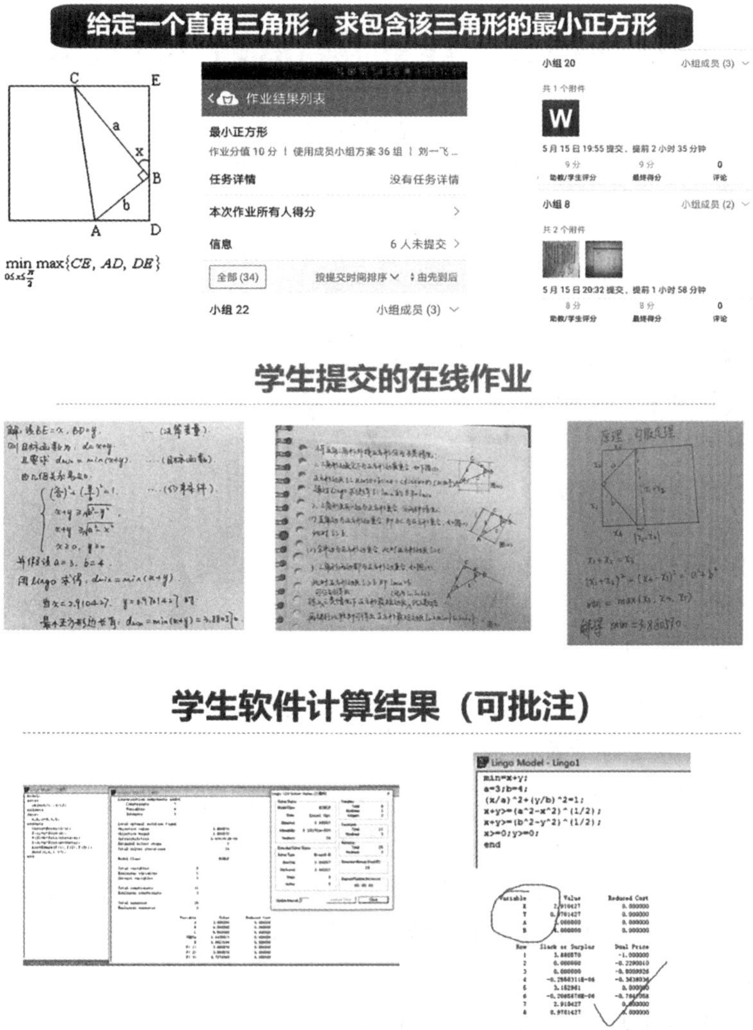

图 4　在线作业及批阅

芯片设计课程线上线下混合式教学新模式探索

信息科学与技术学院　邸志雄

一、课程信息

课程名称：ASIC 设计原理。

课程性质：专业必修。

教学形式：线上内容讲解（教师自己的 MOOC 课程）+“慕课堂”课堂教学组织管理 + 腾讯会议直播讲解与答疑。

二、教学设计

1. 线上平台

充分利用自建 MOOC 的优势：本课程授课教师 2019 年 12 月在“中国大学 MOOC”平台上线课程“芯动力——硬件加速设计方法”，该 MOOC 课程第一轮教学已经于 2020 年 2 月 11 日结课，第二轮课程于 2020 年 2 月 24 日开课。第一期参与学生共计 1 898 人，好评度均为 4.9 星。本学期课程针对本校教学班单独设置了异步 SPOC 课程“ASIC 设计原理”。线上课程内容与线下授课内容几乎一致，因此，MOOC 课程内容可以得到充分利用。

挖掘和分析第一轮 MOOC 数据，指导教学环节设计：为了能够掌握各个知识点的教学难度并设计相应的教学方式，在设计 SPOC 教学内容前，充分分析了第一轮 MOOC 课程的数据统计结果。如图 1 所示，针对“逻辑综合”和“静态时序分析”这两部分较为枯燥无趣的内容，根据芯片设计流程中不同环节的特点，教师采用情境导入、问题导入、故事导入等形式，帮助学生开拓思维，丰富联想，将好奇心转化为浓厚的学习兴趣。

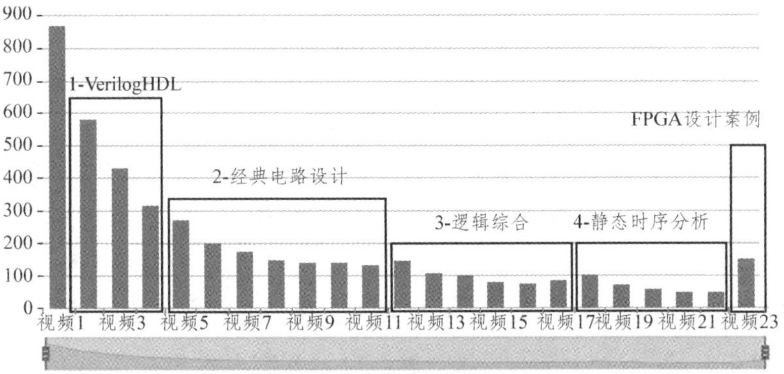

图 1 “芯动力——硬件加速设计方法”第一轮 MOOC 视频分章节观看人数

2. 课堂环节管理与过程控制

教师端：采用“慕课堂”对教学过程进行管理与控制，在教学推进的过程中，以 15 ~ 20 分钟为间隔，通过签到、练习、问卷、讨论的方式控制课堂节奏，实时检验学生掌握程度，以精确到分钟的方式，稳步、精准推进课堂教学环节。为了更好地控制课堂教学组织过程，教师利用多余的手机和平板式计算机，以学生视角进入“慕课堂”和“腾讯会议”，确保实时关注和监控学生端展示情况。

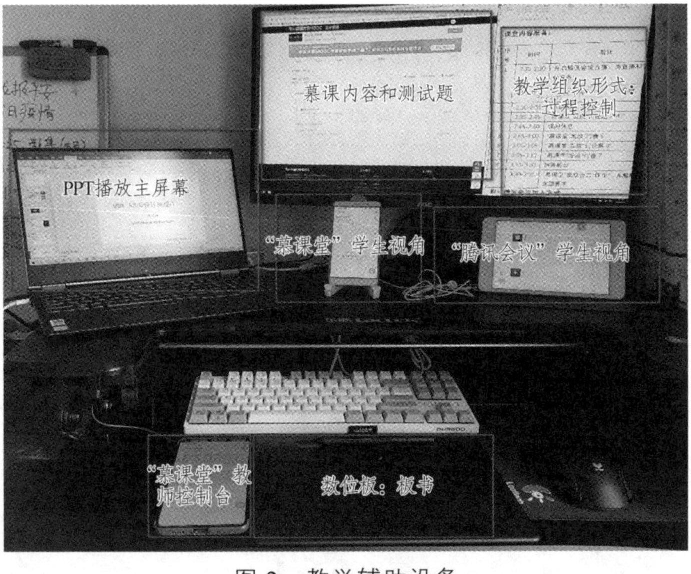

图 2 教学辅助设备

学生端：教师将“教学组织形式表”提前3天发放给学生，让学生熟悉流程，并且有助于学生在课堂组织中，严格按照课程进度需求使用“慕课堂”和“腾讯会议”等软件配合教师完成授课。

辅助方法：教师制作了精确到分钟的“在线授课检查单”，从备课、课前、课中、课后等多个阶段严格控制落实。此外，为了能够实时在线上和线下推动教学，掌握每一位学生的情况，课程建立了2个QQ群：① 教学QQ群，主要包括助教、每位选课的学生、有兴趣听课的教师等；② 教学管理QQ群，主要成员为2个教学班的班长和学习委员。在邀请学生认证MOOC、注册等课程前期工作中，教学管理QQ群发挥了重要作用。

3. 直播授课与答疑

针对本课程采用的异步SPOC形式，结合课程中涉及大量的软件操作细节的讲授，教师充分调研和试用了现有各种教学平台，发现只有“腾讯会议”能够非常完美支持对2K分辨率及以上的计算机屏幕的共享。“超星直播”“腾讯课堂极速版”“QQ群课堂”等均对计算机共享屏幕的分辨率有限制。

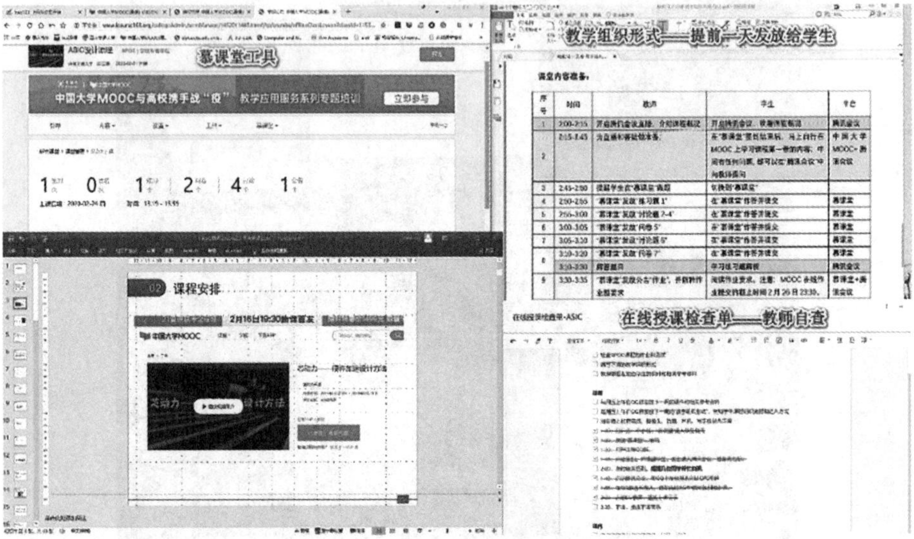

图3　教学过程控制材料

同时，教师对“腾讯会议”在2月17日、2月24日等高流量压力时期进行了测试，均未发现有卡顿现象。“腾讯会议”还支持教师和学生双向语音沟通、支持共享学生计算机屏幕，方便帮学生解决碰到的软件操作问题。因此，本课程使用“腾讯会议”和数位板，共享教师和学生屏幕，实时展示软件操作细节，并完成答疑和白板讲解。

4. 作业和练习题设计

线上实验设计：将所有软件的操作都提前录好操作视频发放给学生，方便学生在线下也能够熟悉软件的使用流程。实验内容源自教师近年来指导学生参加各类学科竞赛的获奖作品。通过高水平比赛作品激发学生的学习兴趣，并使学生清楚地认识到自身的知识缺陷，最终强化理论学习效果。

线上题库：支持平时练习和在线考试。题库内容都来源于授课教师多年来收集的国际一流芯片设计公司的校招面试题和笔试题。通过与一流企业接轨的笔试题，延伸和拓展课堂教学内容，加深学生对课堂内容的理解；同时，激发学生对这门课程的兴趣，带着问题来学习。

5. 课程思政设计

芯片是装备制造业的“心脏”，代表着科技革命和产业变革的制高点，其技术水平和发展规模已成为衡量一个国家产业竞争力和综合国力的重要标志之一。课程可从“华为被美国制裁”事件为导入，让同学们明白芯片问题已经成为我国亟待解决的核心问题，“缺芯”是华为之痛，也是我国之痛。

在课程内容中，重点通过三个方面来落实“思政”：

（1）教学内容方面：积极宣传国产芯片和 EDA 工具在近年来的飞速发展，阐释芯片国产自主可控的重要意义，介绍国产芯片在轨道交通领域的应用。

（2）实验条件：加入国产软件和开发平台，培养学生对国产芯片的认同感和自豪感。

（3）在每周提前发放给学生的“教学组织形式”文件中，撰写“ASIC小黑板之中国芯”专栏，鼓舞学生认真学习、增强本领，为中国芯贡献力量。

三、线上教学材料

（1）线上教学现场图文资料。

图 4　在线授课现场

（2）“慕课堂”教学互动数据统计。

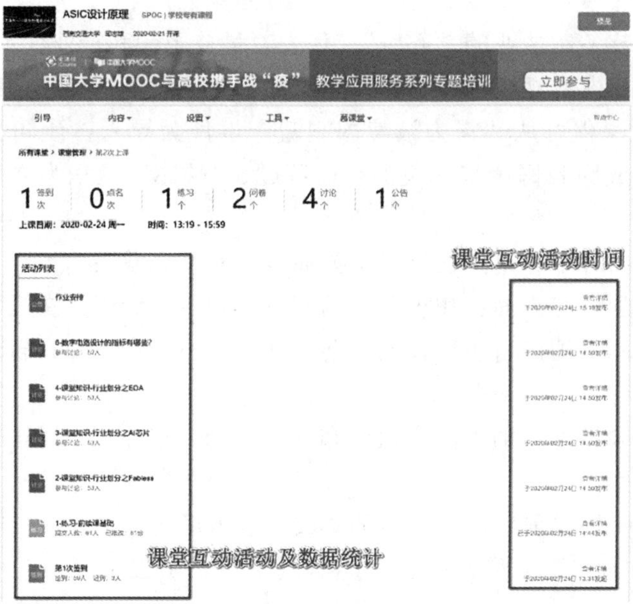

图 5　课堂互动数据统计

图 6　课堂签到数据

四、课程特色

（1）本课程在 2019 年 Xilinx 全球开发者大会（XDF）亚洲站的“Xilinx Industry-Academia Collaboration Ecosystem” Session 中入选 Xilinx PYNQ 开源框架课程体系（共 12 门课程）。

附注：Xilinx（赛灵思）是全球领先的可编程逻辑完整解决方案的供应商，全球最大的可编程芯片（FPGA）厂商，《财富》杂志 2019 年“未来 50 强”、位列所有半导企业之首。赛灵思开发者大会（XDF）是每年一度由赛灵思举办的全球范围的技术盛会，数以千计的赛灵思技术工程师与专家会携广大合作伙伴以及行业领导者带来最新的技术解决方案与新技术突破。XDF 于 2019 年 12 月 3 日—4 日在北京国家会议中心举行。

（2）本课程被 Xilinx 推荐为 2020 年“第四届全国大学生集成电路创新创业大赛”参赛学生培训课程之一。课程得到大赛官方公众号“智前沿”的宣传和推广。

附注：该赛事由工信部主办，是国内集成电路设计领域水平最高的学科竞赛，已进入中国高等教育学会发布的高校竞赛排行榜，为国家级赛事。2019 年报名队伍 1 300 余支，参赛师生达到 4 000 人，参与高校逾 130 家。

（3）本课程得到“Xilinx 官方技术社区”以及 Xilinx-教育部产学研合作项目的支持。“Xilinx 技术社区”也对本课程进行了宣传和推荐，并捐赠价值 1 000 元的 PYNQ 开发板鼓励学生持续学习。

（4）本课程得到了行业知名自媒体“矽说”“图灵教育（人民邮电出版社）”“IC 人才港（南京集成电路产业服务中心 ICisC）”“网络交换与 FPGA”“IC 技术圈”“科学计算 technomania”等的宣传和推荐。

（5）本课程已被青岛科技大学微电子学院“集成电路 EDA 技术”课程在“中国大学 MOOC 平台”引用和复制为异步 SPOC。

（6）以本课程前期线下内容为技术基础，指导学生荣获 2018 年全国大学生集成电路创新创业一等奖、2018 年 Xilinx OpenHW 全国总决赛全国三等奖、2019 年集成电路设计 EDA 精英挑战赛全国一等奖、2019 年第三届 FPGA 创新设计大赛全国二等奖与三等奖各 1 项。

图 7　获奖证书

以不变应万变："数字电子技术"课程的线上教学思考

信息科学与技术学院　胡香荣

庚子年不平凡，线上教学成了不得不为之的普及手段。老师们从忐忑不安到得心应手，学生们从新奇有趣到倦怠消极，似乎"教"与"学"在不同时期有着不一样的表现。但是万变不离其宗，那就是实现"有效教学"的目标，教学活动围绕着这一中心而进行，不管是面授还是线上课堂，都是需要老师的精心设计。这阶段学习了很多优秀案例，观摩了一些课程，也在自己的"数字电子技术"课程当中进行了反思，初步进行了一些探索和实践。

一、前期准备

针对线上教学平台的特点，联系学生并了解他们的网络条件，筛选合适的慕课资源，进行集体备课和教学设计，并在正式上课前进行直播测试。

1. 学　生

第一步是了解学生的网络条件和先修课程基础。任课教师建立了 QQ 群，按照教务网提供的联系方式，群发邮件告知学生加入课程群，个别没有及时回应的同学进行了电话确认。然后做了两个调查，得知上学期学过模电的占 80%以上，为这学期的数电学习奠定了较好的基础。网络使用情况统计如表 1 所示，可以看出有计算机的同学占比 86%左右，那么对后面安排仿真设计就有了底。

表 1　网络使用情况统计

网络使用方式	人数	占比
A. WiFi + 计算机	103	79.84%
B. WiFi + 手机	12	9.30%
C. 流量 + 手机	6	4.65%
D. 流量 + 计算机	8	6.20%

2. 平　台

学校教务处和教师发展中心提供了较好的条件，组织老师们进行线上教学培训，各平台功能都很不错，当时做了几大平台的比较，有些还没有摸透。现在每个平台都进行了扩容和新功能开发，更加强大和实用。

表 2　各个平台的比较

平台名称	平台特点
雨课堂	① 线上培训最早开始使用，也是使用最简单的工具之一。在教师端计算机上安装，PPT 多了雨课堂控件，就可以使用，学生端不需要额外安装 APP，课堂名单由教务网直接对接；② 缺点是不能实现语音互动，播放视频之类要通过另外的补充材料放入
智慧树	① 可以上传各类资源，实现视频和语音互动，学生也不需要另外安装 APP，微信扫码就可以听课，简单快捷；② 网页直播性能与网络条件息息相关
超星学习通	① 超星的备课界面类似 Word，编辑简单，也可以直接复制别人资源使用，另外过程监控也比较方便，与学校教务也已对接，认证方便；② 缺点是学生需要另外安装 APP
中国大学 MOOC	① 过程监控简单方便，慕课堂练习实用；② 目前支持录制好的慕课视频播放，不能随时加入自己的录屏和直播

课程组老师经过讨论，征求学生意见之后，采用了如下的教学工具和平台，不需要学生另外安装 APP，涵盖了课前预习、课中互动、课后回放等，可以完成整个学习活动。

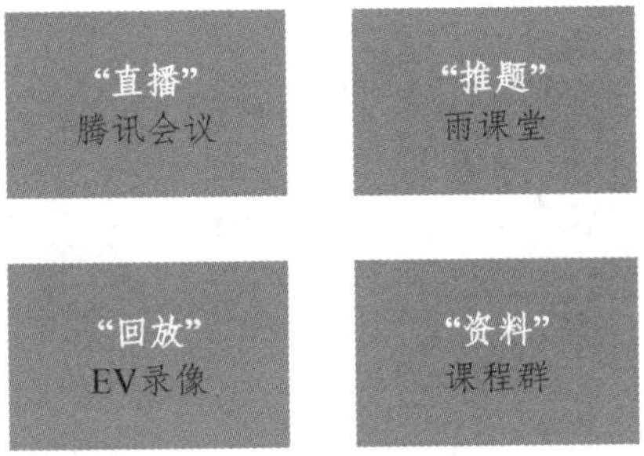

图 1　教学工具

3. 资　源

学习资源是教材和视频。任课教师首先和出版社联系，取得教材“电子技术基础（数字部分 第六版）”的电子版，开课两周前就发给学生一睹为快。网络上相关的课程资源非常丰富，但是资源太多如何选取也是问题，慕课不能随时答疑和互动，因而任课教师的身份就由讲授者变为引导者和组织者，从浩瀚的课程资源中选取合适的片段提供给学生使用，每个学校的使用教材和教学要求不同，不能直接拿来主义。课程组老师进行分工，选取清华大学、哈尔滨工业大学、电子科技大学等几所学校的 MOOC 视频进行借鉴和剪辑，筛选合适的知识点，重新编辑成 15 分钟左右一个节点，没有合适资源的内容由任课教师进行录屏补充，这样保证课程体系不变的情况下，融入自己学校的特色。

例如课程组近几年一直在对数电进行教学改革，增加了课程设计环节，需要学生用 Quartus 和 Multisim 软件编程、仿真、设计电路，使用的开发器是电子实验室自主研发，因此对 MFB-5 开发器相关的问题，就采取直播演示和录屏示范让学生对照练习。还有教材例题用 Verilog 程序设计，学生检查代码是没有问题的，但是在 Quartus 里编译不能通过，这是什么问题呢？经过现场演示让大家明白“顶层文件名”，学生也就理解了如果偷懒复制别人的程序为什么会出错。最后，结合网上资源和课程组老师成果，进行重新剪辑、录制视频发给学生学习。

4. 测　试

正式开课前对选取的平台要熟悉功能，保证做到万无一失。因而在对家人演习数遍后，通知学生进行了直播测试，力争做到心中有数。

图 2　测试

二、开课初期

开学第一天，周一的第一讲就是“数字电子技术”，学院反复叮嘱，一定要做好预案，提前把各种准备告知学生，而且各位领导和督导全都进入课堂旁听以防突发事故。95 后的学生对网络接受度非常高，而且因为新鲜感早上 7 点就有同学进入课堂了，老师也很激动。第一次课是“绪论”，课程内容本身就比较简单，用思维导图给学生做了课程体系的介绍，然后进行概念知识的测试，单选、多选、主观题、弹幕、随机点名等各种交互方式都使用了，而且给学生放了交大上课 + 下课的铃音，让学生感觉很有仪式感，一直不肯下课，反馈也比较有趣。

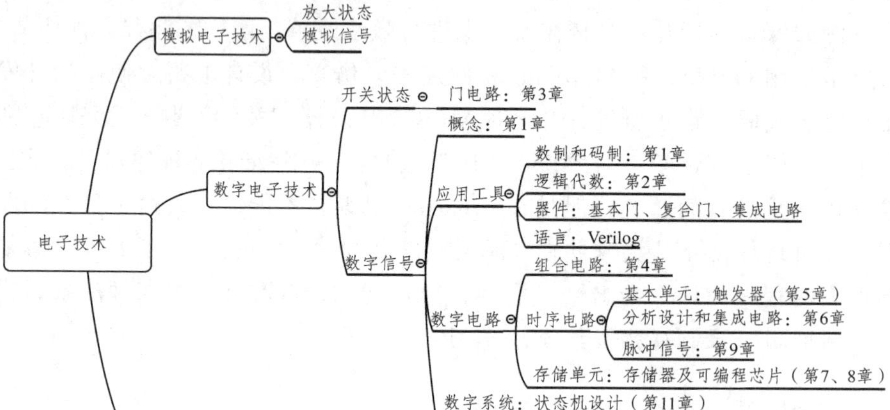

图 3　思维导图

①感觉挺好的，可能一方面比较新奇，一方面知识点比较简单，所以没有形成什么阻碍，和老师平时上课的方式来看，效果不会差很多。（何同学）

②今天上课我感觉莫名兴奋，没犯困，效率还是提高的。今天的这两款软件都不错。我还是挺喜欢这样上课的，老师的讲课方式还是那么细致又幽默，我一直都非常喜欢，我爸也是电力专业，在跟着旁听，对您的讲课方式也是赞不绝口。老师很可爱，还给我们放了下课铃，哈哈，瞬间梦回交大早课！（李同学）

③比较新颖，比我在教室听得认真，老师也好温柔，自己感觉雨课堂跟腾讯会议挺好。（李同学）

④今天是第一天上网课，非常地激动，老师也早早的安排备选方案，在网站出问题时及时更换软件，没有耽误上课，上网课的气氛很好，同学们积极发弹幕，与老师互动，整个过程对于我们来说非常新奇。（胡同学）

⑤个人觉得直播课挺好的，和平时上课没什么区别，哈哈！老师讲得也很好，直播上课甚至比在学校里上课还节省去教学楼走路的时间，但是比较考验自控能力，在没有老师看着的情况下也要自觉好好听课学习，直播平台的话，觉得腾讯会议比雨课堂好一点，雨课堂可能是因为用的学校实在太多，就很容易卡。（王同学）

⑥这次线上直播的教学体验十分新颖，我看到同学们发弹幕与老师互动，感到十分有趣，平时上课不爱发言的我被激起了发言互动的热情，在上课的过程中更能投入其中了。在线直播课程也对课前预习和课后复习出了更高的要求，这对我来说也是个新的挑战吧。（林同学）

图 4　学生反馈

三、课程中期

经过几周的反馈、调整、磨合之后，老师对各平台的使用已经得心应手，但是学生的新鲜感降低，课程内容也逐渐增加了难度，学生的倦怠和消极情绪慢慢体现出来，有的同学月底流量限制预习不再积极，有的同学上课中间才进入课堂，有的同学互动参与少了。长时期天天盯着计算机屏幕、各科作业都还不少的情况下很容易产生倦怠情绪，为了拉回学生飘走的心，任课老师也是使尽了浑身解数。

1. 学生建立情感联系，时不时刷刷存在感

充分利用 QQ 群：晚饭后随手发些半导体和电路前沿发展信息在群里与大家讨论；有时候转发一些校园风景配上小诗和大家分享。4 月 1 日那天和大家聊一聊张国荣。总之，还是可以找到共同话题，不要让学生感觉到老师高冷难以接近。

2. 课堂上通过讲故事引入，分组开展任务讨论

学生预习之后，任课教师通过相关故事的补充增加趣味性。比如在“数制”这部分，让大家运用不同数制唱一唱与数字有关的儿歌；在“电路结构”中引入半导体知识，介绍晶体管之父的故事：两次获得物理诺贝尔奖

的约翰·巴丁不仅上得厅堂而且入得厨房的趣事让同学捧腹大笑；在“电路设计”这部分介绍中国芯片的发展，通过《厉害了我的国》电影导入；在“仿真设计”任务分组时，引入《西游记》三队友的案例，告诉大家师傅不重要，队友选得好，可以度过九九八十一难，打败各种妖魔鬼怪；在“优先编码器”这部分，介绍病房呼叫系统和各种火车的调度系统，让大家对知识点一目了然。总之只要善于发现，枯燥难懂的电路也能让学生接受。

3. 选拔学生助手引导，展示优秀作业和笔记

一个人坐在计算机屏幕前，自律性不强的同学容易分心。这时候同龄人的分享和互助就很重要了。除了学院选出的课堂助手外，又增加了几个小老师，各个平台的打卡考勤、互动交流、分享答疑、作业提醒等，他们就可以帮忙组织和带动气氛。再有各个小组组长的加入，让课堂活动几乎可以覆盖到每个同学。

课程群里除了签到，还有投票，可以做些简单的选择题，群相册可以随时展示课堂笔记和优秀作业，也给其他同学提供了解题思路。作业的整体情况也会及时在群里通报。

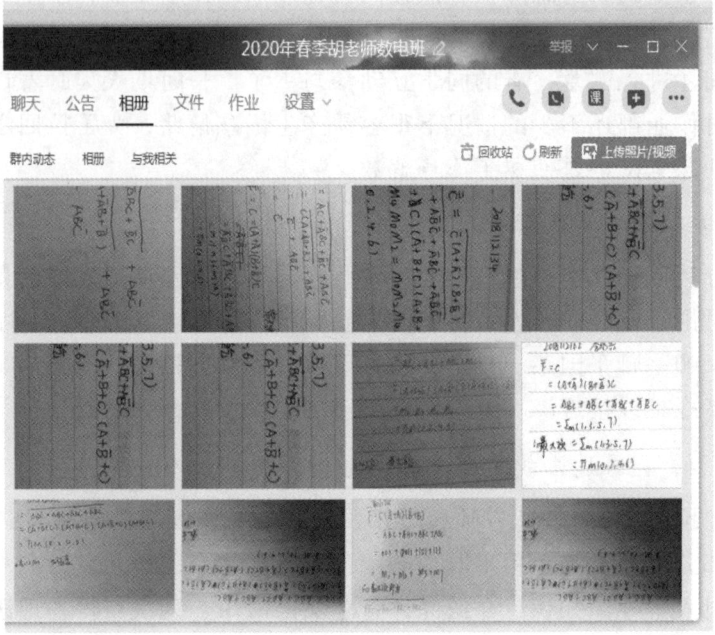

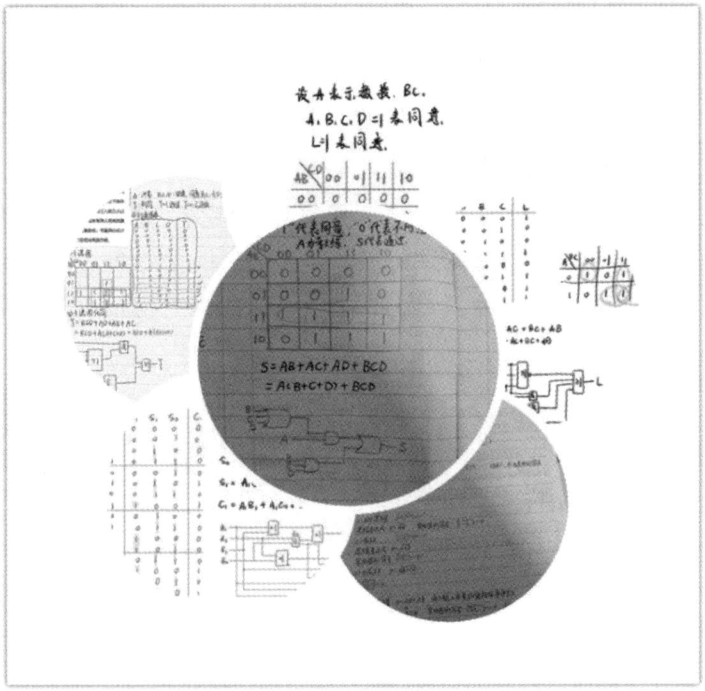

图 5　展示优秀作业和笔记

四、课程后期

“数字电子技术”课程是电类专业的基础课，都是超过百人的教学班，网上签到、批改作业比面授要快捷方便，因而返校后，网上互动的部分还是保留了。现场教学增加了实践环节，往年的课内设计包括几十个课题，学生也可以自拟题目，利用这一学期的理论知识进行 Verilog 编程设计，用 Multisim 进行仿真验证。如果返校就可以发给大家 MFB-5 开发器进行下载调试。

通过这门课的学习，让学生获得以下成果：能够掌握数字电子技术的基本理论和基础知识；能够掌握数字电路和数字系统分析和设计的一般方法；能够掌握硬件描述语言 Verilog HDL 编程和 EDA 基本设计方法；学会使用虚拟实验室系统做线上仿真和设计，掌握 EDA 技术设计实现数字电路及系统的能力；能够锻炼编程能力和实际动手能力，获得参与大学生课外科技活动的能力；可以为深入学习有关专业课程及进行电子电路设计打下坚实的基础；掌握相关控制领域的专业英语词汇，通过阅读外文资料，培养外文文献的阅读能力及口头表达能力。

总之，不管是线上还是线下，课程目标不能变，教学方式改变但是要求不能降低，围绕着“有效教学”这个中心，根据“理论知识→编程技能→动手实践→反馈→示范→学习”这样的闭环学习过程，实现教学相长，共同进步。

"制造技术 A"线上课程探索与实践

机械工程学院　梁红琴

在新冠肺炎疫情形势下，为落实"停课不停学、停课不停教"，保证正常教学任务有序进行，我校师生积极探索各种线上教学活动。网络教学不受时间和空间限制，学生不仅可以利用丰富的学习资源制定个性化的学习方案，而且可以通过由被动式知识接受到"自主探索"和"问题发掘"的转换，完成创造性思维的激发，促进"学生中心、成果导向、持续改进"教学理念的深入。

在此背景下，学校开设了"制造技术 A"线上课程，此课程是面向机械类专业开设的技术基础课。课程系统阐述了金属切削基本理论、机械加工方法及设备、机械零件加工工艺和机器装配工艺等方面的知识。下面将分享该课程的线上教学情况。

一、教学设计

本课程从学科特点和学生专业背景出发，深入挖掘课程中蕴含的思政元素和承载的育人方式，通过融合专业知识和育人元素，实现"课程承载思政"与"思政寓于课程"的有机统一。学生自主观看《大国重器》《大国工匠》等电视节目，使用诸如《大国重器》之类的素材丰富、完善课件，分析使用到的专业知识，并将机械制造学科的最新成果引入课堂之中，增强学生对课程的兴趣。同时针对我校轨道交通特色，结合学校轨道交通国家实验室（筹）、牵引动力国家重点实验室等国家级、省部级创新平台中的大型装备图片的展示，介绍我校在轨道交通领域的众多创新成果，提升学生对学校和本专业的热爱，激发学生的民族自信心和自豪感。

授课教师根据教学大纲进行知识点解构与重构，对教学内容进行精准设计，针对网络教学的独特性，将知识点分段拆解，录制时长为 8 ~ 10 分钟的视频，有效提高了学生关注度。在线同步教学过程中，教师讲解以梳理和贯通知识点为主，在线课堂采用启发式与讨论式相结合的互动模式，帮助学生更好地掌握重难点。课后教师及助教和时完成作业批改，并上传修改意见，学生课后根据所学内容绘制本章学习交流的思维导图，完成迭代学习。该教学方式，实现了课前预热、引导，课中讨论、解惑，课后反馈、拓展等系列环节。

表 1　教学设计

教学环节	实施步骤		实施方案
学情分析	联系学生、提前沟通		1. 通过 QQ 群了解学生情况，预热测试设备及各种在线功能 2. 关注湖北同学学习设备情况及网络状况，关注他们生活情况
课前	重构、选材		1. 根据教学大纲进行知识解构与重构 2. 关键知识点的录播与组织并完成相关课件 3. 上传学习资料、视频到超星平台网站 4. 根据相关知识点每章节配备测试题目
	引导、热身		1. 教师发布预习导图、课代表督促完成相关内容预习 2. 组织、通知在线教学安排
课中	腾讯课题在线教学	5 分钟	学长作品演示与解析（根据本章重要知识点完成的学习视频）
		10 分钟	根据预习导图对本章知识脉络概括介绍
		20 分钟	针对知识点开展实时线上讨论
		5 分钟	休息、开展线上签到
		20 分钟	针对预习内容学生就相关问题提问，老师也可指定学生回答，并补充回答
		5 分钟	休息，教师开展小游戏
		20 分钟	总结重点知识点，指定学生完成该部分小结，老师补充总结
		10 分钟	完成课题随机测试
课后	超星平台发布课后作业		教师及助教批改，并上传
	闯关模式发布下次预习内容		学生完成相应预习
	知识点总结		每章结束，学生完成相应思维导图

二、教学效果

课前，为帮助学生顺利完成线上学习，教师会根据课程特点合理运用信息技术，提高教学质量。以第一章“金属切削加工”为例，先将知识点绘制成导学图，课前发给学生帮助梳理知识脉络，再给出学习目标清单，强化学生任务意识，最后在教学中完成检验。

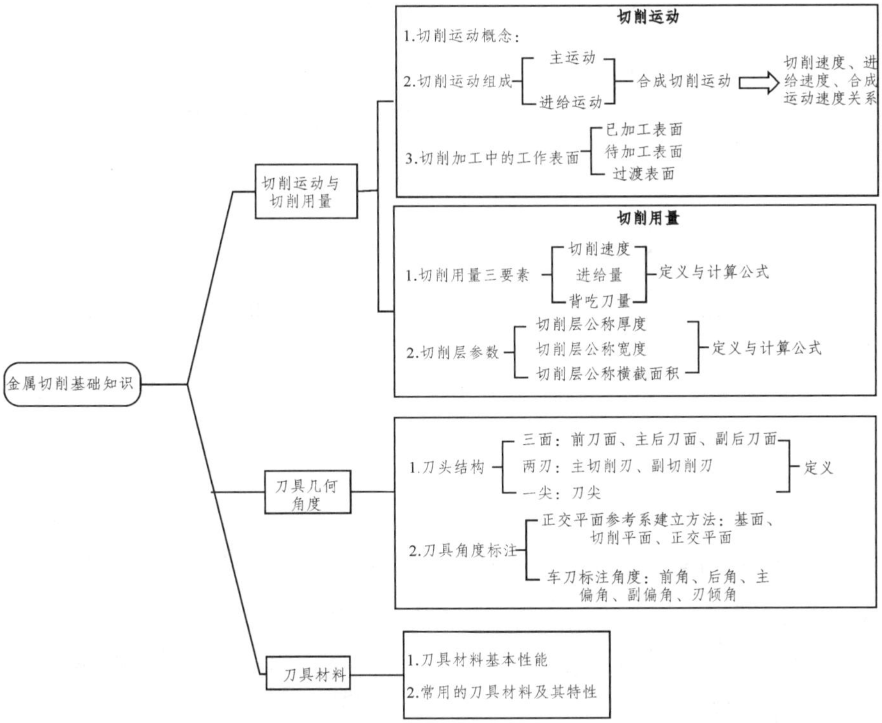

图 1　导学图

课中，教师采用腾讯课堂进行在线教学，通过在线讲解梳理知识脉络、重要知识点进行线上讨论这一“两点论”和“重点论”有机结合的形式，帮助同学们学习知识、理解知识、解惑知识。与此同时，为了活跃课堂气氛，提升学生课堂专注力，在线课堂还开展了在线测试和小作业，进行课中学习效果评价。

课后，学生需要在超星平台按时完成课后作业，教师和助教根据学生作业完成情况，调整教学进度，提升教学效果。每完成一章学习后，教师要求学生根据学习内容完成本章思维导图，加强学生对所学知识的巩固。

图 2　课后作业

三、学生反馈

实际教学结果表明，通过利用网络资源的同步和异步学习相结合，线上教学取得了预期教学效果。本课程课堂讨论激烈，同学参与度高，比现场教学互动效果好，同学们在预习中所遇到的困惑与问题，能得到有效解决。但课程仍有一些不足之处，如部分同学的自主学习能力需要加强、自我管理能力不够、学习效率不高、没有及时参与讨论、提交作业不够积极等问题。经与同学们沟通，今后将在课堂中采纳他们的建议，对于重要知识点增加图示讲解，也给予同学们关于适应新学习模式更多积极的引导。

制造技术A　网络课堂反馈意见

老师讲的非常好，个人觉得这种学习方式已经能做到非常好的网络学习效果了
腾讯课堂效果很好，更加稳定，QQ群内交流方便直接。先自学再讲解答疑的模式学习效率很高
体验很好，腾讯课堂很稳定不卡顿，电脑手机都方便，同时qq群回答问题也方便。
学习效果和作业安排都不错
老师上课很有趣
课堂互动效果很好，网络也没有出现意外状况。
现在这个授课方案挺好的
平时可以超量学习，直播腾讯
感觉太棒啦，老师声音好好听，学习充满动力
腾讯课堂挺方便的，老师上课节奏对我来说把握的好
腾讯课堂的直播很流畅，如果后期超量服务器稳定的话在超量上做一些讨论会比QQ群更方便一些
感觉上课很轻松愉快
直播的话感觉腾讯也挺不错，QQ群；里再答疑很不错
挺好的，线上很流畅，不影响学习质量

图 3　网络课堂反馈意见

疫情下医学相关课程网络直播教学的思考

医学院　王兴

新冠肺炎疫情还在持续，为落实教育部、学校“停课不停教、停课不停学”的精神，本学期“医学实验动物学”课程的教学按照网络直播授课的方式进行。疫情发生以来，同学们对医学相关课程的学习积极性较平时要明显高很多，特别是在笔者介绍了本课程的辅讲、西部战区总医院的周龙甫老师已随军队医疗队奔赴了武汉抗疫第一线的事迹后，同学们作为未来医生的责任感和使命感油然而生。“停课不停学”所指的“学”是一个广泛的概念，“停课不停学”不是指单纯意义上的网上上课，也不只是学校课程的学习，而是一种广义的学习，是充分利用媒体资源的学习方式。网络教学对教师和学生都是一个全新的考验，如何开展教学活动，教学效果如何评估，都是需要进一步思考的问题。

一、教学过程

1. 课前准备

课前准备对顺利开展网上教学至关重要。针对前期有老师、同学反映的直播平台不稳定的情况，我们除了选择主讲的智慧树教学平台外，还单独建立了课程微信群作为备用，教学要求、课件会同时发到两个教学群，便于同学们提前学习。从首次直播教学的情况来看，这个非常有必要。

2. 课程教学

医学相关课程的实践性很强，如何及时利用网上资源，结合实际问题，提高教学质量和教学效果，值得深入思考。这次开设的课程“医学实验动物学”是一门理论和操作相结合的课程，笔者结合这次疫情的情况，有针对性地准备了相关多媒体教学资源，使学生有更加生动、直观的认识。在第一讲绪论中介绍医学实验动物等级及饲养条件时，在微信群里同时上传了相关实验室的视频介绍，同学们可以在线观看，也可以在课后继续学习，遇到不清楚的地方，可以在微信群里同教师互动，也可直接在网上搜索相关信息。同时，在教学过程中，结合讲授内容，引导同学们关注这次疫情过程中涉及实验动物、药物筛选的一些问题，使同学们更加容易理解教学内容，并对自己的专业、职业有更清楚的认识。

在讲授小鼠的应用研究中，同学们对其模型制备和应用没有直接的认识，这次教学过程中笔者在微信群引用了抗击疫情中最新的动物筛选模型制备的报道，使同学们更加直观地认识到动物模型的重要性，做到理论与实际应用的结合。笔者认为，这也是网上教学的一个优势所在，可以及时链接各种教学资源和信息。

二、存在问题

网上直播教学对绝大多数老师和学生来说都是一个全新的探索，过程中也不可避免地存在一些问题。

1. 师生互动不充分

网上直播教学，教师和学生不能见面，仅通过语音和文字进行交流和互动，教师在授课时不清楚同学们的状况，是否在认真听讲，是否做了笔记；同学们有问题也不能像日常授课一样面对面咨询和交流。这给教学难度和教学效果带来了不小的挑战。另一方面，研究生课程会经常组织讨论，要求同学们就一个问题提前查阅资料后进行讲解，教师再点评，但在网络直播教学中很难实现或效果不佳。

2. 师生投入感不足

教师在授课时仅面对计算机屏幕，学生在听课时是一个人，没有一起上课的感觉，更没有课堂约束感。时间久了师生会产生疲惫和投入度、关注度不够的问题，影响教学和听课质量，教师也有对空讲课的感觉。笔者在第一次授课过程中也多次通过微信询问自己的研究生，声音和图像是否都有、讲解速度是否合适等，以最大限度地避免出现问题。

3. 硬件及软件问题

第一周网络直播授课时，有很多教师和同学反映系统不稳定、讲课页面无法显示、上传的课件突然消失、网度较慢等问题，极大影响了教学的开展。相信通过不断的调试和对软件的熟悉，这些问题都会得到解决。

三、学生反馈

从第一次授课后的情况来看，同学们对教学效果还是比较满意。通过线下了解，有同学认为网络直播授课的互动性、参与性不强，对学生的学习自主性和自学能力要求更高。新的教学方法和手段总会遇到各种问题，在这种情况下更要加强与学生的沟通，了解学生对授课方式的意见和建议，及时做好调整，确保教学效果。

四、后　记

网络直播授课，不仅是学生对专业知识的学习，对教师来说也是教学方法的学习。如何更好地开展网上教学，充分利用各种资源，是一个不断思考和总结的过程，相信随着课程教学的继续进行，师生会更加适应这种教学方式。

“新一代十八线女主播”成长记

建筑与设计学院　韩效

疫情逐渐向好，各个学校的“停课不停学”在线教学也逐渐进入了平稳阶段。新契机下成长起来的“一代十八线女主播”究竟怎么样了，我们一起来看一看！

“女主播”成长的时间线：

一、前传——魔幻 2020 年的至暗开篇

“最初，没有人在意这场灾难。这不过是一场山火，一次旱灾，一个物种的灭绝，一座城市的消失，直到这场灾难和每个人息息相关。”

2020 年的开篇太魔幻，与《流浪地球》的开场白有着惊人的相似之处：澳大利亚大火、东非蝗灾爆发、菲律宾塔尔火山爆发、克什米尔雪崩、西班牙风暴、新冠疫情……

2020 年初新冠疫情暴发，医疗资源告急，举国上下闭门不出，大家度过了一个难忘的春节。随着假期不断延长，心情跌宕起伏，混沌日子直到 2 月上旬，学校通知开始全面培训网络教学平台，为“停课不停学”做好准备。黑暗中仿佛出现了一束光，人生马上有了目标，有了希望！虽然不能前线拼杀，逆行驰援，至少还能做好大后方的“螺丝钉”，帮助祖国正常运转，让白衣天使心无羁绊。

二、孕育期——论设备和团战辅助的重要性

2 月 11 日开始，同时接受 4 个在线教育平台的培训，同时在 3 个平台上建设课程——紧锣密鼓的前期准备，让人身心俱疲。从教十几年，没想

到换一种方式上课，新问题会那么多。多年讲得纯熟的内容，要在网络平台上重新设计，虽然各个平台大同小异，但是熟悉起来还是需要时间和精力。学生们的注意力集中不了太久，必须根据特殊情况拆解内容，而这学期的设计课和理论课没有固定内容，工作非常困难和烦琐。学生现场的即时反馈看不到，分散在家也无法监督，到底有没有按时完成学习任务，坐在屏幕前究竟听懂了没（甚至究竟有没有坐在屏幕前），如何得知？好多在课堂上随口而出的段子需要氛围烘托，需要学生回应，现在不适合面对屏幕讲。平时一讲课的内容，可以包含了多次互动，但录课时半个小时不到就口播完了，多出来的时间怎么办？在课堂上谈笑风生、侃侃而谈，一录课就结结巴巴，舌头各种转不过弯，反反复复，直让人心浮气躁、怀疑人生。平时上课，一个多媒体、一支多功能激光笔，就可以在教室里纵横四海、指点江山、挥斥方遒……现在对着屏幕那头的学生，需要什么样的设备才能确保顺畅交流呢？

在这场无声的战役中，建筑与设计学院建筑系的领导们，及时成立了在线教学工作小组，为了防止老师和学生们在众多平台中选择困难，亲测后推荐了两个平台——超星和 Zoom，一个适合理论课，一个适合设计课。组织了好几次 Zoom 会议，由老师一步步演示，“手把手”教大家建课、直播，大大减少了摸索环节的时间。全系前所未有的团结，平时一直“潜水”的老师们，天天在系群里热火朝天地讨论在线教学的各种问题、心得、技巧，分享资源，甚至直到凌晨一两点也不停歇。

除了平台各种功能的使用摸索，大家还交流设备的使用情况。建筑学设计课非常重要的内容之一是一对一评图，如何让师生能即时双向写写画画成为首要问题。就我而言，准备了触屏平板、触屏笔记本、各种电容笔、计算机触控屏、各种品牌数位板、外接话筒、各种耳麦……（亲测还是数位板好用）还有同事购买了全套专业主播电容麦克风、声卡、混声器、补光灯等。

临近上课的前几天，同事之间反复交叉测试软件、平台、设备，时不时就在群里看见有人的测试请求，发出会议邀请，让大家来看 PPT 展示是否正常，视频卡不卡，标注是不是能看到……让我在最疲倦的深夜也能会心地笑出声来，仿佛又回到了大学时代，全班同学一起在专业教室里熬夜画图的岁月。

三、萌芽期——首要问题是什么平台才能不崩

2020 年 2 月 24 日，第一次课马上就要开始了。第一周第一天，上午有四节设计课，下午有两节英文理论课，前一晚紧张得睡不着，担心第一天网课出任何岔子。实践证明，各大网课平台只剩下崩崩崩，反而是社交 APP 经受住了考验，建筑系推荐的 Zoom 尤其表现优异，在 97 人大课时，摄像头和麦全开仍然流畅。

第一周的课，老师们反馈的主要信息是“今天超星进不去了”“智慧树崩了”“中国 Mooc 完全没反应”……好在我们有预案——Zoom、腾讯会议、QQ 直播课堂等。

四、成长期——畅享信息时代的未来教育新模式

与互联网一同成长起来的“00 后”，思维活跃、兴趣广泛，能熟练使用互联网工具，信息收集和处理能力强，思维更独立和批判，注意力集中时间短，传统教学方式难以满足个性化需求。建筑学学生对新事物的接受程度高，擅长独立思考与团队协作，专业课相互配合的时间多，彼此熟悉，有开展小组研究的坚实基础。根本不用担心他们使用各种平台或软件有任何问题。诚然，有部分学生受到网速和设备的限制，但更多的同学从新的教学模式中受益匪浅。

以“西方当代建筑思潮（英文）”课程为例，我采取了以下教学策略以激发学生主动学习，取得了较好的效果。

（1）以学生为主体设计教学内容，激发学习动机。学生的学习动机决定、指引和维持他们的学习活动。由学生自主决定要学习的内容和共同学习的伙伴，讲授更有意义的内容，有助于提高学生的学习效率和自信心。

（2）使用翻转课堂实现碎片化学习，自由度更高。让学生真正根据个体需要和能力，充分利用碎片化时间来自主学习。不同程度的学生可以自行安排学习强度和频率，把课堂时间交还给含金量更高的交流和成果检验上。

（3）在课堂上营造学习共同体，增进协同效应。课程设计和学习活动贴近学生的心理特征和学习习惯，通过小组合作和汇报，学生们结成了学

习共同体。有困难的学生可以在同组成员的帮助下进步，并完成自己力所能及的部分。课堂活动的多样化，譬如角色扮演、小剧场、辩论等方式会活跃课堂氛围，丰富学习体验，激发学习兴趣。因为问答环节不可控，所以也锻炼了学生现场沟通和应对能力。

（4）同侪激励激发学生的主动学习动机。引入竞争以增加课堂张力和趣味性。学生们可以自主选择是否参与竞争，保证竞争是在团队间的而不是个体间的，确保每个人都有较大的获胜可能等。

（5）对知识和能力增量的过程性评价。这使得学生们对每一次参与都很投入，不只关注最后期末报告分数。基础略差的同学也更有动力去争取进步。

由于在线教学方式的不同，往常课堂的导入环节则变得比较困难。因此从这次开始，每次课前我都自制一个小视频用来暖场，每次直播课开始时放给学生看，学生们表示很喜欢这样的开场方式。

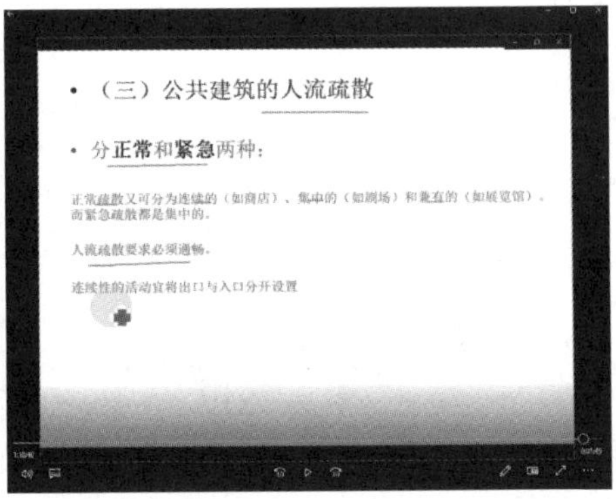

设计课年级大课录播截图

设计课直播截图

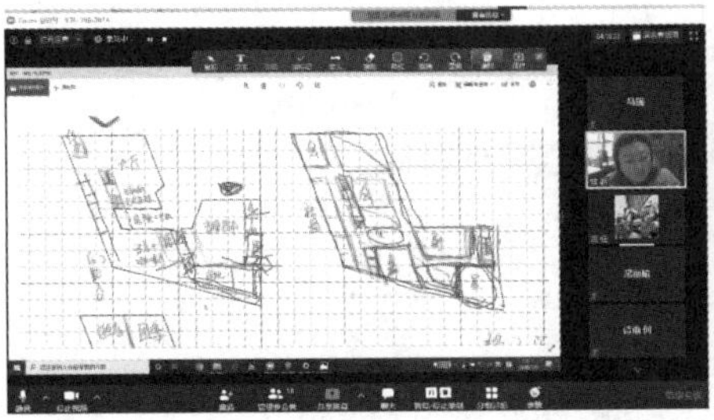

设计课直播截图

设计课直播截图

理论课直播截图　　　　理论课案例介绍直播截图

图 1　课堂教学情况

学生作业：每次课后 24 小时内让学生利用 Mindmap 搭建自我知识网络，构建新旧知识之间的联系，激活左右半脑。

作业 1：

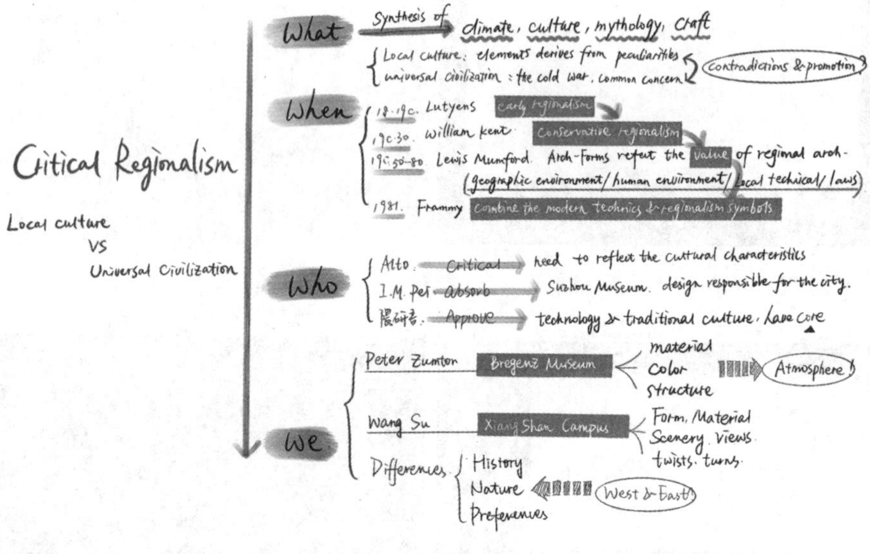

作业点评：比较少见的纯手绘 Mindmap，仍然沿袭文本 Memo 的条列式范式，但使用了不同的色彩、字体及符号来标注关注重点，便于自己复习时查找重点。

作业 2：

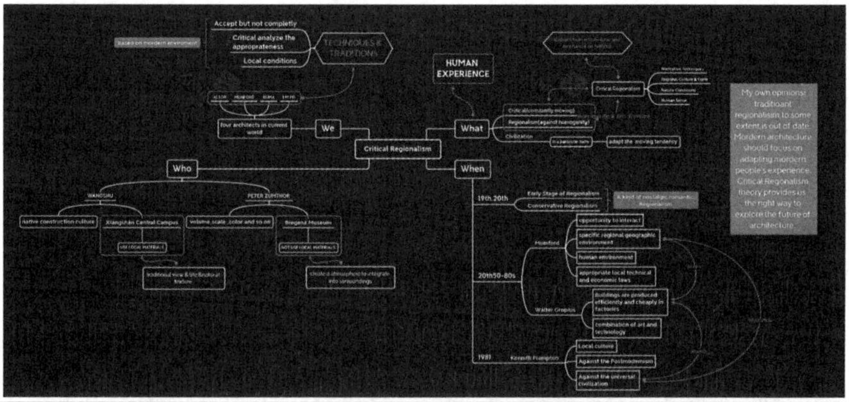

作业点评：黑底色有更强的视觉冲击力，但也会增加阅读时字体对比度的疲劳感。采用了大脑形象思维更喜欢的发散式布图，这篇作业比较显著的是学生使用了自己对各 keyword 之间的关系理解，绘制了彼此关系箭头，更强化了知识的结构性。同时也使用单独分支写出了自己对本专题的理解。

作业 3：

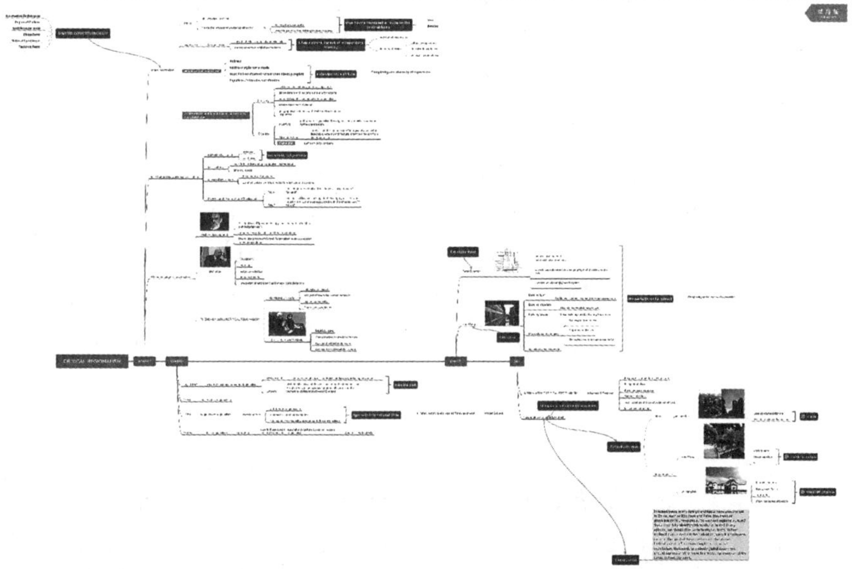

作业点评：典型学霸型作业，信息量极大，按照自己的喜好延展阅读，有很多支线任务并建构了自我的知识网络，插入了许多图片帮助记忆。

图 2　学生作业

学生反馈：

2018××××99　阎同学：老师昨天使用的是Zoom，我个人觉得Zoom软件非常好，功能也很多，每个同学都可以开视频、讲语音，看到大家感觉很亲切，然后还可以举手发言之类的，感觉很便捷。分享屏幕讲课件也不错，签到和作业在超星平台，用起来也感觉很方便。

2018××××04　安同学：相对来说，Zoom平台网络质量非常好，各种操作也很完备，非常适合专业课的教学。老师网络授课也很熟练，显然提前研究过各种软件，准备很周全。课堂氛围很好，目前没发现任何问题，十分满意！

2018××××05　张同学：觉得Zoom最好用，不卡，专业课效果好，其他课钉钉卡得不得了，超星各种上不去，腾讯课堂平板登录不了，手机屏幕又小，QQ语音会听不清。

2015××××08　赵同学：在目前上过的直播课里，韩老师的线上教学是质量最好的一个，Zoom 这个平台也是目前使用体验最好的，可以把每节课留存录屏上传到群文件，因为有时候网络不好，可能会造成某个时段的卡顿或掉线，错过上课内容，录屏可以回放来解决这个问题。

2016××××40　胡同学：线上教学效果好，感觉比在学校里还好，可能是老师说的话听得更清楚吧。

2016××××21　李同学：老师用 Zoom 做直播和屏幕分享，效果很好，课间资料显示得更清晰。超星平台用作资料发放以及作业提交，课程脉络清晰，任务明确。课程选择翻转课堂，每个学生可以选择自己喜欢的内容去学习，充分调动了学生的积极性，每个人都投入其中。

2016××××32　樊同学：老师授课时生动形象，语言风趣幽默，非常能调动课堂气氛，寓教于乐，激发学生无限兴趣，能让我们在快乐中接受知识。

…………

结语：

勇敢不是不害怕，是即便害怕，还选择去做。是很辛苦了，还坚持在做。比如，上一次网课。

2020年，尽管开始的时候有眼泪，有别离，充满惶恐与不安，但繁花盛开的春天依然来了。春绿，意味着新生的开始。教学是在学生心中播下种子，耐心等待。期待春花，期待秋实。

如何在线上实现互动性强的心理学课程教学的再思考

心理研究与咨询中心　高飞

2020年的春天注定是个不同寻常的春天。涉及14亿国人的突如其来的新冠肺炎疫情阻击战，让西南交通大学的师生们在这特殊的春天倾尽全力地支起了一个偌大的空中校园。作为线下互动性非常强的心理学课程，如何在这特殊的时期依然在线上保持鲜活的生命力，真的是一个非常值得思考的问题。

西南交通大学心理研究与咨询中心开设的心理学课程，根据性质和门类不同，既包括面向应用心理学专业同学的内容庞杂、基础性较强的专业基础课，拓展性质的专业限选课，也包括面向全校本科生的普及心理教育、培养心理学兴趣的心理学通识课。但是不管是哪一类心理学课程，在线下教学的时候都具有共通的互动性、探索性、研讨性强的特点。如何在线上教学中继续保持心理学课堂的生动、活泼和灵活的优势，尽可能规避线上教学存在的局限性，心理中心的老师们都在线上教学实践中孜孜不倦进行着各项研讨和交流。

线上教学存在着不可避免的问题。因为各种现实条件的影响，如网度、学生居家学习条件的限制、缺乏伙伴间的相互影响、教师没有办法做很好的教学监督、教师需要在短时间内迅速掌握各种新型的线上教学手段等，所以线上学习效果会受到如上各种因素的综合影响而难以得到保证。而心理学的课程在互动性和灵活性上比其他基础类学科的课程要求更高。因此，如何克服线上教学的困难，在空中依然能够营造出高度模拟线下师生互动研讨型的心理学课堂，无疑对心理中心的老师们是一个巨大的挑战。

目前心理中心的教师选择网上教学的方式主要分为 MOOC（SPOC）和学校推荐线上教学平台（雨课堂、智慧树、中国大学 MOOC 和超星）直播课程以及与自选备份方案结合的方式进行线上教学。使用 MOOC（SPOC）和四大平台进行直播课程的方式，对于教学留痕、教学资料的收集和整理无疑具有相当大的优势，MOOC 的系统性和完整性也是非常值得推荐的。四大平台，以智慧树和雨课堂为例，在直播课程中精心设计的各种课堂互动手段还是非常值得称道的。在网络通畅的情况下，签到、点名、投票、头脑风暴等互动方式能够有效促进师生的课堂交流和互动，效果也得到学生的一致好评。

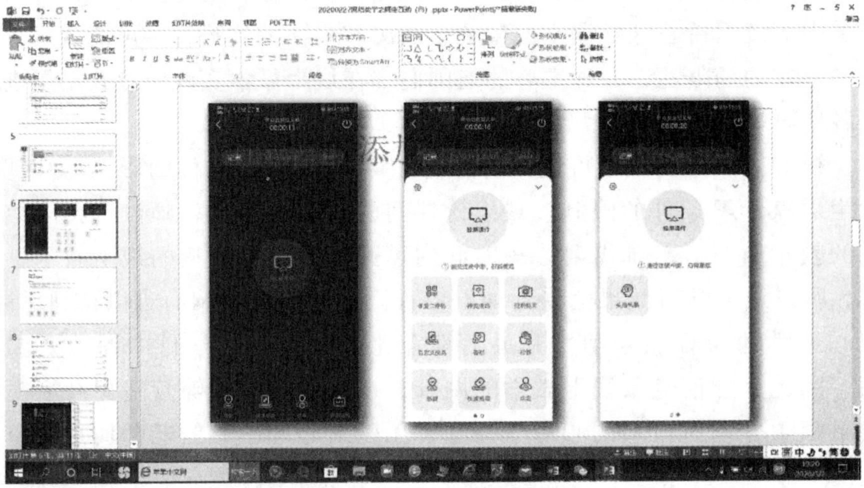

图 1　线上教学平台

但是随着各大高校的陆续线上开学，空中课堂的拥堵也带来了不小的麻烦。在课程高峰时段，多家线上教学平台的严重卡顿、无法登录甚至瘫痪的问题，一度让师生们非常烦恼。同时，虽然各大教学平台已经尽可能在直播课程的互动性上进行了设计和考虑，但是功能的不完善也暂时不能满足心理学课程的多样化和个性化的需求。因此，如何在满足基本教学要求的基础之上，更大程度地在辅助线上教学方案中进行深挖，以满足心理学课程灵活性和互动性强的需求，是心理中心的老师们不断在探索和交流的话题。

在不断进行的线上教学实践研讨中，老师们发现，不可或缺的课堂积极参与性和互动性是心理学课程的灵魂。在线上课堂中，与个人独立学习相比，如果在整个学习历程里有教师的同步指导与同伴、参与和回应，将极大程度地提升个体的学习参与度和对课堂的黏合度，帮助学生完成知识的内化和课后的学习迁移。小组伙伴式学习是一种极好的教学设计，在小组中，学生之间的脑力激荡和相互启发，可以创设一种线上学习的凝聚力，帮助每一个参与线上学习的学生跟上整个课程的教学进度，并从他人的回应、教师的点评和指导中获得更多的思路和启发。

心理中心的老师们在线上教学的实践中发现，一些辅助教学手段，如各类会议软件（腾讯会议、Zoom、瞩目）以及功能强大的腾讯其他软件（腾讯 QQ 群课堂、群直播间）可以在很大程度上实现课堂的互动功能。如果课程设计需要有学生之间或者师生之间更多的研讨和互动，在会议软件中的分组讨论、教师分享屏幕时的聊天区的留言功能等都可以帮助教师进行更多互动性强的教学设计。

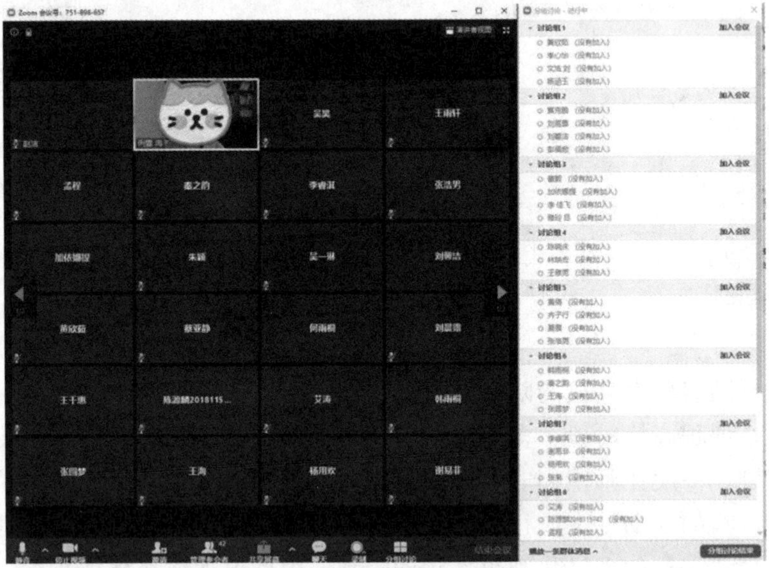

图 2　Zoom 会议软件

“00 后”学生具有极强的信息时代的学习特点，思维活跃、兴趣广泛，思维的独立性和批判性强，信息收集和处理的能力也非常强。同时，“00 后”学生对于网络使用，特别是很多娱乐类直播软件的功能使用也非常熟悉，这些都是实现线上研讨型教学的很好的学生基础。相比起线下教学的面对面课堂而言，“00 后”学生更容易在线上课堂的互动聊天等功能区中展开关于课程内容的讨论。教师在线上课堂里，在某种程度上可以不完全将自己拘泥于一言堂的教师角色，而是通过类似于主持人的角色，随时关注学生通过各种方式（弹幕、留言区、聊天区、语音、摄像头）进行的师生或者学生之间的互动。通过会议软件的分组讨论功能，还可以实现小组内的讨论。教师可以在进入小组分会场和回到主会场之间灵活进行切换，根据课程进程的需要，掌控分组讨论和课堂整体答疑的时间，实现和线下教学高度相似的心理学研讨型课堂。

综上所述，根据线上教学的研讨和探索，心理中心老师们在观察和聆听学生教学反馈的基础上不断进行调整和教学改革，心理学专业和通识课程的线上教学正在有条不紊地进行中。通过对各种线上教学媒体和软件的摸索、对比和学习，在线上的心理学课程中弱化教师的权威角色，营造研讨型的伙伴式学习的探索依然在进行中。心理中心的老师们力求通过更多的合作式教研学习活动，在空中课堂中搭建接近于真实的教学场景，帮助学生浸泡在体验式的学习中，更为积极、自主地遨游于心理科学的海洋中。

“实验心理学”：通过教学设计，提升学生的“具身性”

心理研究与咨询中心　冉俐雯

由于疫情形式下的特殊影响，所有的课程目前都采用了线上授课的形式，包括“实验心理学”这一类理论与实践相结合的课程。如何可以通过有效的课程设计，结合教师自身的授课风格，以有效地实现课程的教学目标，是所有老师都在思考和探索的议题。我从具身认知的角度进行了一些思考和探索，对“实验心理学”进行了教学的设计和实践，并将目前的探索结果分享给老师们，希望能够抛砖引玉。

一、线上课程特点：缺少具身性

具身认知（Embodied cognition）认为，生理体验与心理状态之间有着强烈的联系。而与线下课程相比，线上课程最大的特点在于“缺少具身性”。也就是说，由于师生双方不在同一空间中，且大部分时间里同学们并不需要开摄像头，所以与线下课程相比，更容易有一种不真实、虚幻、相隔遥远，甚至是游离于课程之外的感觉。由于此项特点，学生容易出现上课走神、被家庭环境及事物影响等情况。所以，线上教学设计中需要着重考虑的是如何让学生可以整体上被课堂吸引。

二、“实验心理学”课程基本介绍

“实验心理学”是心理学专业的方法学课程，主要内容为心理学实验的基本方法及在心理学各个领域的实际应用。通过学习本课程，训练学生的科学思维和能力，为将来从事心理学研究与应用奠定良好基础。

本门课的知识目标为：

（1）掌握心理学实验的基本原则与基本过程；

（2）提高学生心理实验设计理论水平，掌握心理学实验研究的技术与方法；

（3）熟悉心理学各领域的经典实验范式及最新进展。

本门课的能力目标为：

（1）求是的科学精神和实验态度，形成严谨、周密的逻辑思维；

（2）具备独立的实验设计、实施和研究报告撰写的能力；

（3）自主使用多种资源（包括网络资源）学习的能力；

（4）科学研究中的小组协作意识和能力；

（5）对现实世界中心理现象和过程进行合理简化，能用准确、简明、规范的实验心理学语言表达的科学素养。

本课程为大二开课，4 学分，每周上 2 次课，每次 2 节课。班级学生：41 人。本课程有本课程团队拍摄制作的慕课，于 2019 年上线中国大学 MOOC 平台，故本学期使用 SPOC 形式授课。课程资源在中国大学 MOOC 平台中，直播课时通过慕课堂（中国大学 MOOC 的小程序）进行签到、问卷等教学功能。直播课时配合使用视频会议软件“Zoom”，可以进行屏幕分享、语音、视频、成员分组讨论等功能。

学生需要课前学习相应指定视频，并完成指定讨论题。直播课中会有串讲、答疑、分享和点评讨论题、总结回顾、课堂反馈问卷等环节。课后有与直播课内容呼应的作业。

表 1　教学工具及手段

	教学工具	使用功能	使用方法
1	QQ 群	• 即时互动工具 • 学生最熟悉的工具，方便日常互动、即时通知、临时上传资料等 • Zoom 不可用时的备选上课方案	上课前计算机登录

续表

	教学工具	使用功能	使用方法
2	Zoom 会议软件	• 直播课工具 • 语言直播，进行授课、答疑 • 分享屏幕功能，进行授课、小组练习呈现、学生口头汇报 • 与会者出境、发言功能 • 分组讨论功能，进行课堂讨论和小组呈现	上课前计算机登录
3	中国大学 MOOC	• SPOC 所在平台 • 课程视频、论坛、测验等资料，促进课前和课后学习 • 使用平台“慕课堂”功能进行课上教学互动，包括签到、练习、问卷、公告、讨论等功能	上课前手机微信小程序登录

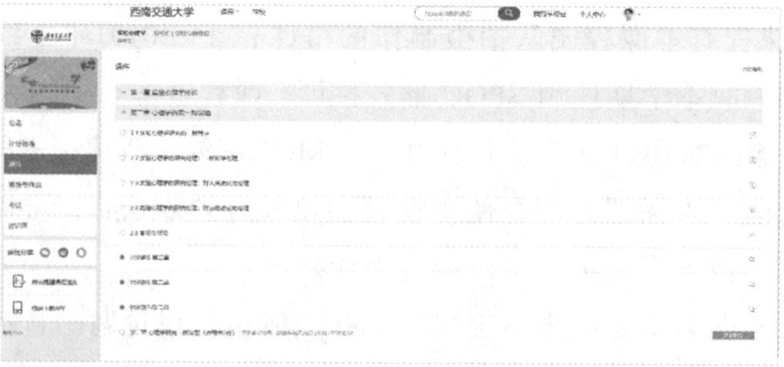

图 1　课程课件页（目前发布到第四章）

图 2　视频学习资料

图 3　课前讨论题（课程中会讨论点评，课后可以补充作答）

三、通过课程设计提高学生具身性

1. 将课程分为小的区段

由于个体的注意力容易出现波动，也就是说，我们只有一小段时间的持续注意力，如果在长达 95 分钟的一讲课中一鼓作气地进行，恐怕学生会难以跟上进度。因此，我将课程设计为多个区段，每个区段为 5～20 分钟。

2. 每个区段均让学生不同程度地参与互动

每个区段中都设计相应的学生参与环节，增强课堂上与学生的互动，增强学生黏性。

表 2　教学区段设计

	教学区段	教学内容	教学活动	时间
1	课前学习内容串讲及答疑	串讲课前学习内容，重点强调本课的重点、难点；有必要时辅助更多的案例。对本部分答疑	发布公告、签到、开放答疑问题收集	约 20 分钟
2	课堂研讨 1	小组研讨 1，与课程内容紧密相关的小研讨，一般是课前学习中完成的讨论题。学生分组研讨后，进行分享、点评	发布讨论题，Zoom 分组研讨	约 15 分钟

续表

	教学区段	教学内容	教学活动	时间
3	课堂研讨 2	小组研讨 2，对课程内容延展的材料研讨，一般是案例或发布的实验	发布讨论题，Zoom 分组研讨	约 45 分钟
	（又分为三小阶段，20＋5＋20）	① 约 20 分钟学生小组讨论		
		② 休息 5 分钟，这期间没有讨论完的小组可以继续讨论		
		③ 约 20 分钟详细分享、学生和老师相互点评补充，扩展知识		
4	课堂总结及答疑	总结今天课堂，包括讨论部分。对课程中持续的提问答疑		约 15 分钟
5	课堂反馈		发布课堂反馈问卷	

3. 通过多种方式摸底学生的学习情况

通过小组讨论后的分享点评、作业布置及点评、课上抽问、课下联络访谈、课程问卷填写等内容，摸底不同学生的学习情况。作业明确为辅助学习的工具，而不仅仅是考核工具。将作业和测验设置为可以多次反复提交，特别鼓励在课堂或课下的小组讨论后，以及课堂讲解答疑以后进行二次、三次补充提交，在课堂上夸奖和鼓励补充作答的同学，不断敦促同学们按照生活实际练习心理学实验设计和实践。

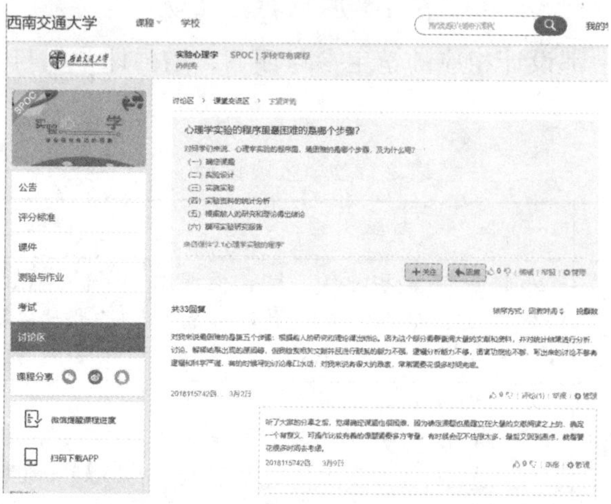

图 4　同学们课后补充作答讨论题

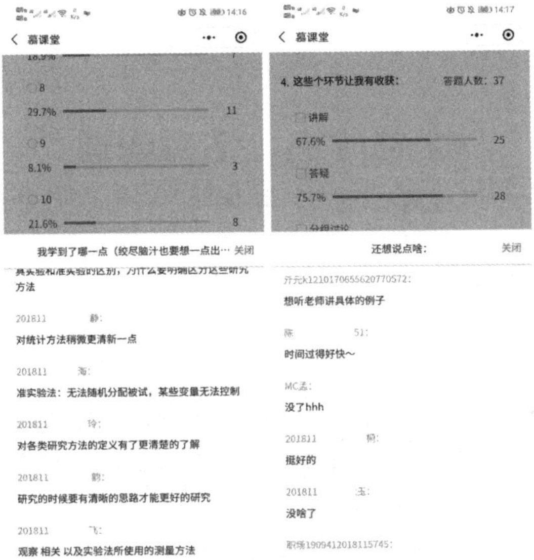

图 5　每次课程结束均有课程反馈问卷

4. 关爱学生现实情况，提升学生学习观和社会责任感

通过结合疫情期间的特殊情况，重点关注网络或上课设备有困难的同学，通过调整教学设计（例如由于平台的设计原因，没有计算机的同学无法在教学平台上进行作业互评，后续将采用其他的作业提交和互评方式）、另约时间对相关同学进行帮学活动等方式，保证没有学生掉队。另外，在课程中注意渗透相关思想，让学生意识到现在的线上学习，对于自身、社会责任的重要性，提高思想意识，让某些学生从“线上学着玩玩，以后再补课”的想法，转变为“这是疫情期间自我提升的重要机会”“待在家里学习也是为防疫作重要贡献”的想法。

5. 像主播一样与同学互动

虽然“上播”等主要是老师们自嘲的玩笑话，但是在直播课/见面课中，有一些主播的互动技巧是可以借鉴学习的。例如及时回应学生与课程有关的打字内容、在上课时通过教师背景的一些元素变换吸引同学们的注意力等。例如，我家不定期出现的猫，无意中已经成为学生们上课会带着游戏性质寻找的背景板，可以部分吸引同学们的注意力，但又不会影响上课效果。

穿越时空，学会沟通

——发挥网络优势，打造学生喜爱的人际交往通识课

心理研究与咨询中心　杨兴鹏　汪小容　高燕

“人际沟通心理与艺术”是一门应用性强的心理健康通识课。这门课从1998年起，是以“人际交往心理学”课程名称面向全校开设的心理健康选修课。2018年建设成为通识课程。

通过这门课程的学习，希望学生正确地认识人际沟通中的自我，澄清人际沟通认识的误区，重塑对人际沟通的正确认识，形成适合自己的人际沟通意识与模式，提升人际沟通能力，充分感受人际沟通的艺术魅力。学生能够在知识、技能和自我认知层面上达到以下目标：

（1）知识层面：帮助学生正确地认识人际沟通中的自我，澄清人际沟通认识的误区，重塑对人际沟通的正确认识，形成适合自己的人际沟通意识与模式。

（2）技能层面：人际沟通能力是可以培养的。通过课堂活动、心理测验、心理训练，强化人际沟通的技能与方法，充分感受人际沟通的艺术魅力。

（3）自我认知层面：让学生在课堂上通过小组讨论、案例分析、影视视频、自我体验等方式觉察到人际沟通的力量，促进人际沟通模式的改变，进而提升学生的交往能力，促进人际关系的和谐。

2020年注定是不平凡的一年，一场突如其来的新冠疫情改变了我们太多的生活与学习方式。作为一线教学老师，如何把传统的地面课程，利用网络优势打造成同学们喜爱的网络课程，通过灵活的教学设计不仅让学生能够参与到网络课堂中，而且要增强学生的实践与应用性，让“空中课堂”质量不打折扣。

一、课程的灵魂是教学设计

美国教育心理学家赖格卢特曾在《教学设计是什么及为什么如是说》一文中指出：教学设计是一门涉及理解与改进教学过程的学科。任何设计活动的宗旨都是提出达到预期目的最优途径。因此，好的教学设计不仅能够完成教学目标，让学生参与到教学活动中，而且能够产生课程的内在效应，让学生得到知识的同时，促使学科素养的提高，从而促进成长。

面对突如其来的“空中课堂”和毫无心理准备的“网络达人秀”，原来的教学模式与教学设计都受到了巨大的挑战。只有利用网络授课的特点，发挥网络优势，巧妙设计教学内容，才能博得“00后”大学生的“芳心”。

（一）激发课堂兴趣，“倒叙”设计效果更佳

在讲到“人际关系距离”这一章节时，在以往的地面教学过程中，往往是用“概念与理论讲解——影响因素探讨——案例与练习”的教学设计开展教学。鉴于网络授课的特点，如果网络直播的过程中，讲解的内容过多，又放在开始的顺序，同学们听不了多久，可能就会走神，脱离课堂。为了牢牢地吸引同学们的“眼球”，我们采用了“倒叙法”设计教学。在课程开始，先由一幅图片作为练习引入，让同学们展开思考与讨论。例如，如果有一天去图书馆学习，一张桌子有五个位子，已经坐了一个同学，还有 A、B、C、D 这四个空位子，你会选择哪一个位子坐下来，为什么？阐述自己选择的理由。

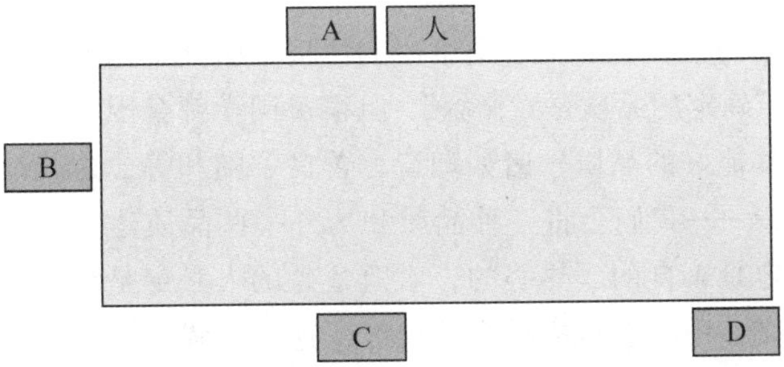

图 1　选择位置

同学们通过选择和讨论，已经引起了浓厚的兴趣，老师对不同的答案进行简单的讲解后，再引发同学们进行思考与讨论学习：一个人与他人人际距离的影响因素有哪些呢？最后，用相关概念与理论作为课程总结，反而能够加深同学们对人际距离的理解与知识点的掌握。

（二）专业知识娱乐学

在讲到“内隐个性观”在人际关系中的应用这一知识点时，因为涉及比较专业的心理学知识点。如果按照传统的教方式讲解，很容易让学生失去听课兴趣。于是通过设计带有“娱乐”性质的教学活动，展开对于这一专业知识点的讲解与学习。教学通过“TA 究竟是一个什么样的人？”的案例研讨，让同学们根据案例介绍推测 TA 到底是什么样的人。在欢乐愉快的讨论中再引入“内隐个性观”的概念，学生们就很容易理解了。

活动话题：TA 究竟是一个什么样的人？

TA 推开餐馆的门，等一对夫妇通过后才走进去。在餐馆里，他客气地请服务员为自己安排座位。刚坐下，女朋友就来了。他马上起身，帮女友脱掉外套并挂在衣架上，然后扶着女友的椅子请她入座。请根据以上情景来判断 TA 是个什么样的人。

1＝一点也不像，2＝不太像，3＝不能确定，4＝有点像，5＝非常像

理智（　　）	性格外向（　　）	善良（　　）
有能力（　　）	热心（　　）	漂亮（　　）
礼貌（　　）	武断（　　）	有权威（　　）
冲动（　　）	可爱（　　）	随和（　　）

在这一活动中，让学生根据给出的情境判断其中的人物具有什么品质特征，唯一能确定的品质是“礼貌”，但很多同学都会因为主人公的礼貌行为而赋予他其他好的品质，诸如理智、善良、随和等，这就是我们的内隐个性观在作祟——我们会将一种品质和另外一些品质建立主观联系，认为礼貌的人一定是善良的、热心的，衣冠楚楚的人必定是绅士的、有教养的等，在人际交往中就会造成很多的误区，这就是我们的“内隐个性观”引起的。

二、充分了解学生是做好教学设计的前提

随着时代的发展，“00后”大学生作为教学的受众群体，有其自身的特点，思维活跃、个体意识强、喜欢尝试新的事物等特点显得尤为突出。因此，充分地了解他们，尽量用他们喜欢的方式调整教学设计，用他们的语言展开沟通与交流，才能够满足他们的需要，激发学习兴趣，促进教学的顺利开展。

> 大家好呀　我叫侯××，来自陕西西安的“二刺螈”　就读于日语系　爱好是上b站和阴阳师　hhhh　国家一级吃火锅运动员
>
> 我叫 YXX，四川成都本地人。平常体育运动喜欢打篮球，cxk是我的榜样。我比较佛系也很喜欢打游戏，rush B是我的特长。我也刚入多肉圈，自己也买了很多多肉，也比较喜欢喝茶，主要是绿茶和乌龙。
>
> HXX，♀，常年混迹于B站，追张艺兴，看fu文，玩王者、吃鸡、剧本杀

图2　网络语言

可以从他们独特的自我介绍中学习他们交流的语言。

B站是什么？要想读懂学生，用他们独特的语言与他们沟通，才能取得良好的效果。这就需要我们也要不断学习与提高。

三、充分利用网络优势加强课堂延伸，巩固学习效果

因为是网络授课，网络平台的多样性和可选择性具有巨大的优势。本课程依托雨课堂、Zoom、QQ群等多种平台相结合的方式开展教学。这不仅提高了学生参与课堂的积极性，学生课堂的出勤率度达到了90%以上。

充分利用课余时间扩展课堂，拓宽学生的知识面，巩固学习效果。本课程利用QQ教学群，利用周末或空余时间不定期推出“人际交往问题解决沙龙”，得到了同学们的热烈欢迎与好评。

总结：转瞬间，开展网络教学已经有五周的时间了，从开课前的焦虑

与彷徨、紧张准备，到后来多模式教学方式的尝试与探索，再到今天的小有掌控感和心得体会，都离不开“人际沟通心理与艺术”课程团队每一位老师的辛勤付出与不断努力。用心沟通，距离再远也近在咫尺；用心教学，过程再难也会开花结果，我们会继续携手前行。

疫情“逼”出来的教学“新”模式

材料科学与工程学院　戴光泽

2020年初，新冠肺炎疫情突袭武汉、肆虐湖北，由荆楚大地席卷全国，中国人民的传统佳节“春节”也被疫情的阴霾笼罩。而随着高校寒假的结束，全国的疫情防疫工作还处在最“吃劲”的关键阶段。为确保学校正常的教学秩序和广大师生员工的健康安全，全国各个高校在教育部的统一部署下，在充分利用现代数字技术覆盖面广、实时互动性强、年轻人喜闻乐见、易于掌握等特点的基础上，相继开通了依托各种平台的网络远程教学模式，初步实现了“停课不停学”的教学目标，有力保障了正常基本教学环节的有序推进。我是西南交通大学材料科学与工程学院的一名任课教师，我们团队本学期承担材料专业大一年级的科普性限选课“金属材料的过去—现在—未来”的教学任务，下面谈谈我的一些网络教学体会。

一、网络教学的过去

远程网络教学实际上不是一个新鲜事物，早在20世纪80年代初，就有了远程网络教学模式——广播电视大学。这种形式的开放式教学模式，解决了当时国家急需的人才培养与教学资源不足的突出矛盾，为改革开放之初的中国社会输送了大批的人才。后来，伴随着我国社会的快速发展，人才需求也不断变化，形成了后来的各个高校中的网络学院模式，以配合国家多层次的成人高考等考试审核制度，同样为国家输送了大批的不同领域的专业人才。

二、网络教学的现在

伴随着近十年来中国现代网络电商平台、网络视频直播平台、网络手游平台、各类社交平台、5G 通信等技术的突飞猛进，各类商业性教育教学平台也首先在中学生在线辅导方面得到了快速发展，同时，获得了社会的普遍认可。因此，教育部也在之前获批的部属高校“国家级精品课程”的优秀教学资源基础上，于 2016 年 7 月完成了 1 767 门“国家级精品资源共享课”的建设（爱课程），建设了中国大学 MOOC（网易慕课）、课堂派、雨课堂、学习通等。但是，由于用户井喷式激增，瞬间流量过载，这些平台在这次高校集中网络授课初期都出现了宕机、使用不畅等问题，而很多商业平台如腾讯会议（课堂）、Zoom-Meeting、阿里钉钉等都相对稳定，获得了师生们的好评。

三、网络教学的未来

网络教学，结合现代商业交流平台和 4G、新的 5G 通信技术，在这次抗击疫情战役中、在确保高校正常课堂教学秩序中，起到了关键的作用。同时，年轻人接受新事物快、善于网上交流等特点，也使得网络教学很快被同学们所掌握和接受。目前，全国高校的各个专业，都面临如新工科等变化的挑战，结合现代网络教学手段、网络资源整合传统的教学模式，大量增加课外自学和网络讨论环节，弥补课堂教学学时不足和知识信息量快速膨胀的矛盾，增加学生的学习兴趣，这必将是今后高校依托信息技术进行教学深化改革的重要方向之一。经济一体化需要硬件的互联互通建设，同样，构筑完整的知识体系，也需要知识区块链上的互联互通建设。

四、个人体会

这次新冠肺炎疫情，对于正常的教学秩序无疑是一次严重的冲击，许多按部就班的教学节点将被迫推延。但是，这次疫情从另一方面讲，也迫使广大师生迅速学习和掌握了现代远程沟通交流工具并运用于远程网络教学实践。这种现代教学方式对传统的面对面课堂教学而言，提出了一定的挑战和质疑之声，可能将会影响今后传统课堂教学改革的走向。无论是课堂面对面传统教学模式，还是现代网络远程教学模式，虽然形式有所不同，但其中的教学要点还是大致不变的，主要有如下几点需要把握好：

（1）教学内容深刻理解（对知识点的深刻理解是建立在对细节的准确理解基础之上的）、体系把握（对知识框架的逻辑层次的准确理解）、学生的知识背景把握（要注意学生前期有何课程知识体系）、兴趣点把握（要注意选择适合学生的实例、学生感兴趣的话题）等。

（2）对各个远程授课平台性能的熟练把握和平台准确选择（可靠性原则）、熟练运用，这是做好网络教学的基础硬件保障。

（3）对学生远程授课内容理解掌握程度的准确把控，这是衡量教学效果、把握教学进度的基本尺度指标。最后，建议在课堂教学中多多利用网上资源、采用当今比较被认可的官方平台及成熟的商业平台进行网络教学，弥补课堂教学学时数的限制，从而有效提升学生的课程学习兴趣和学习体验。

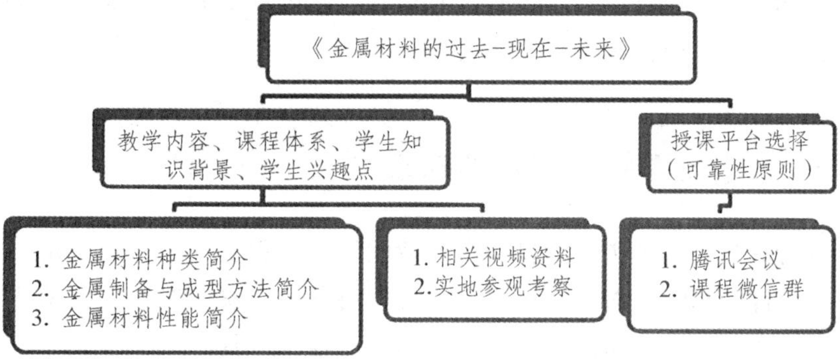

图 1 “金属材料的过去—现在—未来”课程远程教学体系示意图

另外，教学方法的准确把握，对于教学效果影响很大。“金属材料的过去—现在—未来”课程针对的是大一本科生，主要侧重于金属材料科普常识的介绍。在兼顾趣味性的同时，主要通过实例、视频、现场参观等环节，介绍大部分工程材料都是金属材料的现实，增强同学对金属材料在国民经济中地位的认识。同时，通过介绍金属材料的种类、冶炼方法、加工方法、基本性能等相关环节，介绍材料人应该具备的考虑问题的基本思路：组织决定性能，从而介绍大学四年本专业相关的课程体系及相互之间的关系等内容。因此，这门课是引导学生进入金属材料世界的一门非常重要的入门课程。

衷心祝愿这次被疫情“逼”出来的教学“新”模式能尽快成为另一种教学“新力量”。

对“案例+实践+思政”在线教学模式的一点探索

经济管理学院　蒋玉石

笔者本学期开设了“市场营销”和“市场营销渠道”两门课程。其中，“市场营销”课程主要采用了慕课的方式，“市场营销渠道”课程主要采用了“腾讯视频+微信+QQ”的方式。

一、“市场营销”课程的探索

市场营销是管理类、营销类各专业的核心课程，是一门建立在经济科学、行为科学和现代管理理论之上的应用科学，其研究对象是以满足消费者需求为中心的企业市场营销活动过程及其规律，具有全程性、综合性、实践性的特点。课程基于应用型创新人才培养目标的要求以及岗位工作任务分析确定教学内容，设计教学情景。在课堂中，除理论讲授外，还应有课堂讨论、案例分析、市场调查等多种形式的教学环节；在教学内容中，既系统全面地讲授基本理论、基本知识、基本方法，又要紧密结合我国商业情境，介绍传播中华传统文化中的营销思想和观念，适应我国社会主义市场经济发展的现实需要。

“市场营销”课程自2018年在MOOC平台开课以来，截至目前已经完成两期课程。其中，2018年4月—2019年2月选课16 806人，2019年9月—12月选课6 035人，累计突破2万人，受到了广大学生的欢迎，取得了良好的社会效果。2020年2月22日，在学校的统一部署下，在MOOC平台上开设了“市场营销”第三期课程，具体情况如图1所示。

图 1　在 MOOC 平台上开设“市场营销”第三期课程

该课程涉及企业市场营销管理的各个方面，主要包括市场营销的核心概念及各种营销观念、市场营销环境分析、消费者购买行为分析、市场调查与预测、市场营销战略、产品策略、价格策略、分销策略和促销策略等。

图 2　“市场营销”课程学习界面

通过本课程学习，使学生能比较全面系统地掌握市场营销学的基本理论、基本知识、基本技能和方法，培养学生从自身熟悉的行业、领域入手，树立正确的市场营销理念；充分认识在经济全球化背景下加强企业营销管理的重要性，了解分析市场营销环境、研究市场购买行为、制定市场营销组合策略、组织和控制市场营销活动的基本程序和方法，培养和提高正确分析和解决市场营销管理问题的实践能力，培养和提高应用市场营销原理解决企业营销问题的基本能力，比较系统地掌握从事市场营销活动的基本方法和策略，为学生毕业后能够较好地适应市场营销管理工作的需要打下基础，为实际工作提供一定的指导和参考方案。

二、“市场营销渠道”课程的探索

“市场营销渠道”课程主要采用了“腾讯视频 + 微信 + QQ”混合式教学方式。具体实施进程如下：

（1）在课前，提前一周左右把教学课件、需要讨论的案例等教学资源、学习任务等上传到班级微信群中，并设定需要预习的进度，以小组为单位（5 人左右，推选一名同学担任小组长），督促同学们提前预习，同学们随时在微信群和 QQ 群里汇报学习情况，有利于任课教师对学生的自主学习情况有效地掌握，进而有针对性地来设计课程的内容与教学环节。

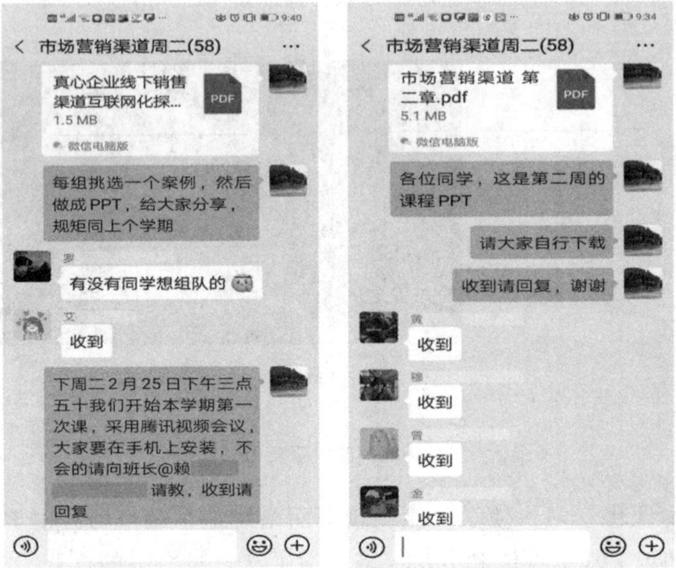

图 3　提前一周给同学们上传教学资料并布置相关任务

（2）在“市场营销渠道”直播课程时，为了防止某些同学临时有事，未能听到课堂讲授，专门安排了同学对于授课的全过程进行录制，然后上传到云盘中，供有需要的同学自学。在直播过程中，除了老师针对本次课程的 PPT 进行讲解之外，可以通过启发式的方法，针对新零售、线上渠道、直销和传销的区别等内容，积极开展互动交流，利用头脑风暴法、小组任务等手段，有效实行翻转课堂教学。此外，同学们在教学过程中，如果有任何想法和不一样的观点，可以随时打断任课教师的发言，教师可以及时指引同学们开展一些互动活动，如讨论、答疑、分享、评价。此外，教师还可以通过实时发问，要求同学们第一时间在腾讯视频会议系统中回复，这样教师可以监控同学们的学习状态，并同时将发言次数和深度作为平时学习成绩认定的依据。

图 4　直播全过程录屏并随机布置任务

（3）在课后，通过测试、小组作业、答疑讨论、学习评价、向同学们推荐最新的微信文章等方式完成教学任务，利用微信和 QQ 群实现对学生能力的多元化评价。通过对“市场营销渠道”课程教学的内容和环节进行实时调整、不断优化，真正做到“以学生为中心”，期待同学们能够发自内心地喜爱这门课程。

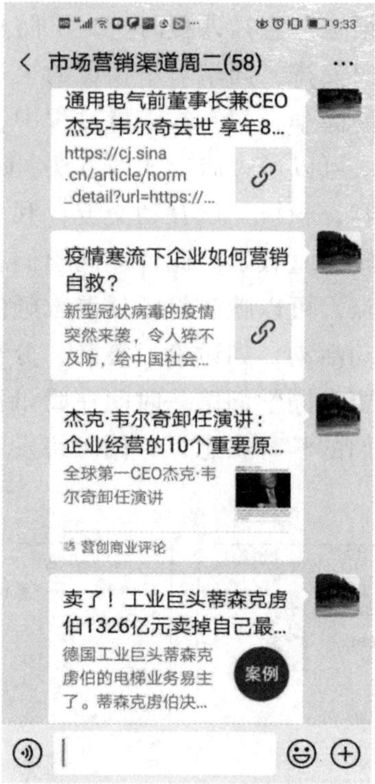

图 5　课后有针对性地向同学们推送与课程相关的微信文章

三、“案例 + 实践 + 思政”在课程教学中的一些思考

首先，在设计营销课程的教学内容时，必须重视对在线学生的学习计划设计。通过微信、QQ 等方式，同学们和老师就营销专业的特定问题实时交流，最后总结讨论结果，在课堂上进行讲解。因此，这就要求所选取的营销案例要注重典型性和代表性。事实上，笔者所选取的案例大多来自中国案例共享中心，都是一些最新且具代表性的中国本土案例。笔者在课前进行了精心准备，熟读案例，对案例的决策点做到心中有数，事实上有些案例已经给 MBA 同学讲过好几次，知道同学们的难点在哪里。在此基础上，再切合本科同学们的认知特点，有针对性地加以辅导，从而在有限的计划课时内提高案例的分析效率，帮助同学们将课本上的知识点联络起来，使其达到举一反三、触类旁通的效果。

其次，“市场营销学”和“市场营销渠道”课程都有着较强的实操性。其中以“市场营销学”课程为例，上课时间设定为 16 个教学周，每周为 3 个课时，合计共 48 个课时，划分为营销理论、市场分析、消费者行为分析、STP 战略、4PS 营销策略、营销管理、国际市场营销等内容。每个模块又进一步分为多个知识点，因此学生在学习时，除了要对课本知识有比较系统的掌握，还应对课本外、行业内的一些著名的营销网站、营销期刊（Journal of Marketing，Journal of Consumer Research 等）、营销会议（中国市场营销协会 JMS）、企业的网络营销实际案例（华为国际化战略、小米手机的饥饿营销等）有所了解，通过研读这些鲜活的案例，既可以了解到营销的热点资讯和行业动态，又可以发现营销发展的趋势和亮点。通过让学生分组讨论，亲自收集素材，完成作业，改变了“学生被动接受”的传统教学方式，有利于充分调动学生的积极性，并加深学生对案例和课程内容的印象。

再次，巧妙地结合当前疫情热点，让同学们阅读最新新闻材料，把思政课程内容巧妙地穿插其中，让同学们在不知不觉的讨论中产生真正的共鸣，进而使得思政内容真正入脑、入心。

例如，在讲解“连锁经营”这一话题时，让同学们阅读相关素材，采用正反双方辩论的形式，加深同学们的印象。

“大学物理”在线教学设计

物理科学与技术学院　孙燕云

在时代的感召下，我校广大师生积极开展了线上教学的探索。为保障教学进度和教学质量，任课教师之间更是开展了如何更好地进行线上教学的大讨论。在此背景下，笔者就如何借助在线教学为教师赋能、为学生助力进行了一些探索，希望能够借此为正在从传统教学方式向现代化教学方式转变的老师提供参考。

一、课　前

（一）线上资源

开课前在学习平台和 QQ 群内上传基本教学资料和教学管理文件。

基本教学资料包括课程介绍、教材及参考书、学习平台操作指南、教学视频、教学课件、知识点详解、自测题、拓展内容等。

教学管理文件包括考试大纲、考核方式、成绩评定细则、每周学习指导、讨论评价量表等。

（二）平台选定

通过师生试用、同行讨论等方式选定直播课平台，辅以常用社交软件实现教学互动。

（三）制订计划

制订详尽的教学计划。

二、课中（直播课）

（一）绪　论

1. 播放我校上课铃声

备注：增加仪式感，唤醒学生在校园学习的精神面貌。

2. 课程导论

（1）脉络：为什么要学习大学物理→大学物理课程的教学方法→大学物理课程的学习方法→大学物理和中学物理的差别→大学物理课程学习目标→重申本课程教学安排和考核方式→展示作业范本和思维导图范本。

（2）基本教学方式：绪论部分在学习平台上已经发布了预习视频，直播课上的主要目的是传递教学安排等信息，故采用教师主讲模式。

（3）备注：将课程思政融入该部分教学：

① 激发学生学习物理学的兴趣；

② 增强学生踏实求学的责任意识，弘扬主动学习、相互合作的务实精神。

（4）时长：20 min。

3. 预备知识

（1）学习大学物理必备的数学基础——矢量及其运算。

（2）备注：尽管学生在高等数学中学习过矢量的运算与矢量分析，但将该知识迁移到物理中对学生来说仍是一个难点，仅仅依靠线上学习资料自学很难攻克。考虑到这部分内容是大学物理学习的基础，本课程特意在开始基本的物理内容之前引领学生通过对矢量运算的再学习形成物理学中矢量的思维模式。

（3）脉络：物理学中的矢量→矢量的表示方法→矢量的计算。

（4）教学方式：该部分内容学生有一定基础，因此教师主讲难点（矢量积）内容，学生再进行讨论。

（5）时长：25 min。

4. 答　疑

时长：5 min。

5. 播放我校下课铃声

休息 5 min。

（二）运动的描述

1. 播放我校上课铃声

2. 描述运动的几个基本的物理量

（1）线上学习：该部分内容较容易自学，在讨论课前将教学视频发放到学习平台上，并将知识点细化为学习任务点。要求学生在讨论课前自学相关内容。教学视频中讲过的基本信息，在讨论课上不再重复。

（2）讨论课：

① 说明本章的重难点内容，对描述质点运动的基本物理量进行小结。

小结：描述质点运动的基本物理量

描述对象	物理量	定义
位置		
位置变化		
位置变化率		
速度变化率		

图 1　借用表格小结预习内容（在直播课上先让学生自行填表）

② 签到。

备注：不固定签到时间，以免有些学生只在约定的签到时间进课堂，签到后立即退出。

③ 讨论难点问题：

- 位移的大小是否等于位置矢量大小的增量？
- 平均速度的大小是否等于平均速率？
- 速度的大小是否等于速率？
- 位矢时间变化率（速度）的大小是否等于位矢大小的时间变化率？
- 速度增量的大小是否等于速度大小的增量？

- 速度时间变化率（速度）的大小是否等于速率的时间变化率？
- 质点位置矢量方向不变，质点是否一定做直线运动？质点沿直线运动，其位置矢量是否一定方向不变？

备注：在讨论过程中，利用直播平台邀请学生发表观点，针对暴露出来的问题进行点评、引导、鼓励。

④ 时长：35 min。

3. 答疑

时长：5 min。

4. 播放我校下课铃声

休息 5 min。

三、课　后

（1）适时发布课后作业，要求学生在在线学习平台上按时提交。

（2）要求学生每章结束后完成该章节的思维导图。

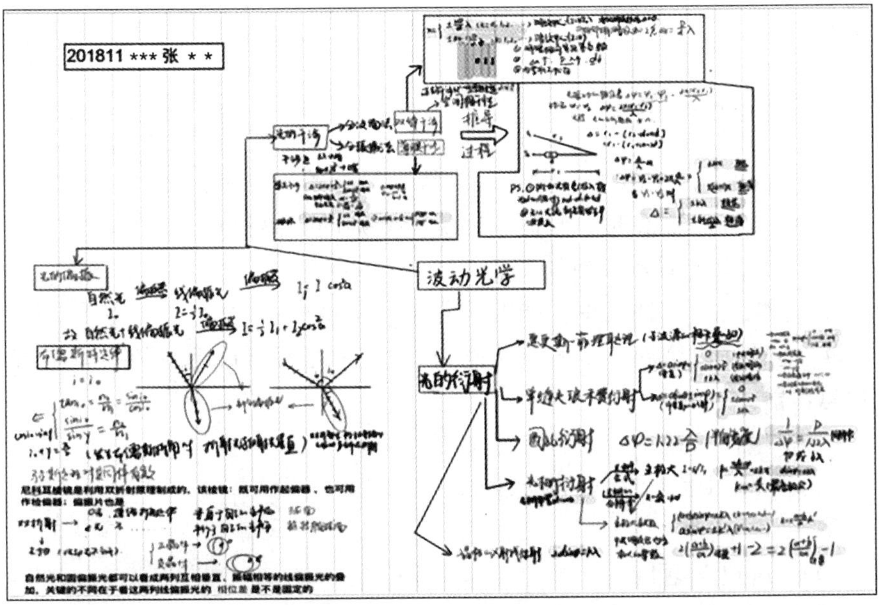

图 2　提供给学生的思维导图范例（学生张琬诗制作）

（3）面向学生开展问卷调查.

表 1 面向学生的在线教学效果调查问卷

名称	选项	投票结果/%
对所学课程的在线教学设计与组织是否满意	非常满意	94.74
	满意	5.26
	不满意	0
在课程中是否可以及时得到老师的指导与反馈	是	100.00
你认为下面哪种线上教学模式体验更好	直播式：以教师在线讲授为主	52.63
	辅导式：以自学配合答疑为主	5.26
	混合式（直播式/录播式/辅导式）：含 2 种及以上	42.11

从表 1 可知，学生对本次在线教学的满意度较高，都通过直播式教学得到了教师的及时指导与反馈，绝大多数学生喜欢有教师深度介入的学习体验。

四、教学建议

（1）相较于传统教学，学生认为线上教学的优势有：

① 师生互动更及时、便捷，感觉与老师的距离拉近了；

② 看 PPT 比看黑板更清楚；

③ 教学资源文件共享，能够重复学习重难点；

④ 能较好地培养学生的自学能力，提前预习写出自己的疑惑能加强学生的思考能力；

⑤ 学生提问题、老师做统计都很方便。

（2）学生对线上教学的建议有：

① 多讲定义；

② 多讲典型题目；

③ 适当减轻课前预习任务；

④ 教师直播时留时间给学生提问；

⑤ 直播课比录播课更有趣，有时候录播课容易使人困倦；

⑥ 不同教师尽量使用统一的在线教学平台。

综合上述意见，学生对线上教学优点的认识较为充分，但对线上教学的建议尽管实在，但多浮于表面。说明目前学生尚处于对线上学习这一新鲜事物的适应环节，只看到了新事物的繁花锦簇，却还未看到其本质。也许由于本课程的在线教学时间尚短（目前只上了一次直播课），学生还未感受到讨论环节的重要性。

教学中讨论的意义是非常深远的。如果说定义、题目是珠玉的话，好的讨论恰恰就是“授人以渔”的载体。调研结果提醒我们在后面的教育工作中，应该进一步加大讨论的深度与广度，拓展学生的思维纵深。同时也期待，随着讨论频次的增加和思想活动的深入，能够收集到学生更多的关于讨论方面的意见和建议。

另外，学生以此为契机表达了对统一线上学习平台的愿望，可见辗转于不同学习平台上的学习行为给学生们带来了一些不便。

五、后　记

“满堂灌”的教学方式的一个缺点是学生必须按部就班地按照教师设计的模式学习，其主观能动性得不到发挥。如果直播课延续“满堂灌”的教学模式，受到学习环境私密化的加持，学生很容易在教师滔滔不绝的长论中进一步丧失学习主动性。因此，建议教师在直播课中穿插答疑环节以调动学生的积极性，同时给他们思考总结的时间。与传统的课堂教学相比，在直播课上开展讨论更易于激发学生互动交流的热情。实践表明，当教学群体可以通过文字实时交流时，学生的主观能动性大大提高，思维更加敏捷。

另外，由于课前已经安排了大量的具体的预习任务，发布了教学视频，建议直播课上不再简单重复相关内容。除了讨论外，可考虑为学生多留一些答疑、讨论、自省的时间，以便实现个性化育人。

教师角色转换下的跨学科线上课程设计与思考

——以“运动科技与智慧人生”实践为例

宋爱玲　张血琴　朱志武　杜润　蒋玉石[①]

一、引　言

伴随着教育理念的发展，教学改革的步伐一刻也没有停止过，教师在教育教学过程中的角色也被赋予了新的期待与要求，并急速地发生着新的转变。现代教育理念告诉我们，学生应是自己知识的主动建构者和学习过程的主动参与者，教师的职责主要在于怎样促进学生的自主学习，这就需要我们的教师转变角色，努力成为终身学习者、教学设计者、学习引导者和学习过程陪伴者。而这些角色的转变，意味着教师的真正功能将更加凸显。

特殊的疫情让网络学习成为学习的主要方式，作为教育和活动中重要角色的教师绝对无法回避线上授课的巨大冲击，反而加速助推了教师角色转换的迫切性，因为线上教学更加依赖学习主体的主动参与。如何有效地组织开展线上教学、引导和激发学生的自主学习呢？我们“运动科技与智慧人生”跨学科课程教学团队的各位教师一致认为：尽快转换教师角色，努力做好终身学习者、教学设计者、学习引导者和学习过程陪伴者，积极探索新的教学模式，才能上好线上课程，确保教学效果。

---

① 宋爱玲，西南交通大学体育工作部副教授；张血琴，电气工程学院讲师；朱志武，力学与工程学院副教授；杜润，机械工程学院讲师；蒋玉石，经济管理学院副教授。

图 1　线上教学平台

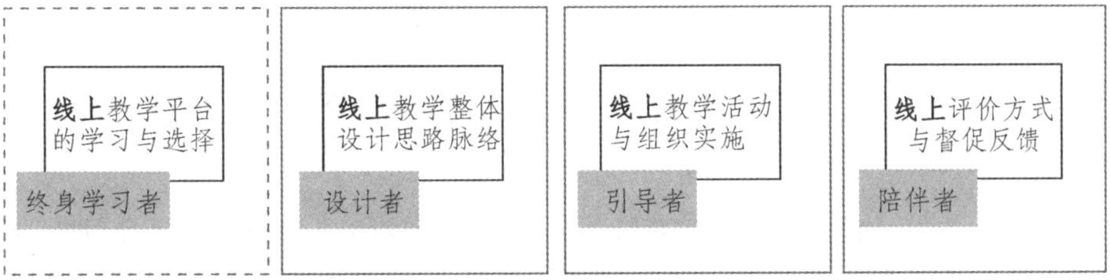

图 2　教师角色在教学中承担的作用

完整、有效的教学开展离不开教育实践工作者（主要指教师）对教学活动进行的系统规划、有效的组织安排与及时的决策评价。不同阶段需要教师承担不同的角色作用，而教师角色的转变其实就是一种教学理念在教学每一个设计过程中的渗透，它将促使我们教师的教学行为发生改变，教学方式发生转变，直接影响着线上教学的效果。下面将详细阐述教学设计与教师角色的转变；举例说明学生的学习状况和学习收获；分享学生的学习认知；对前两周的课程进行小结并对线上教学做出进一步的思考。

二、教学设计与教师角色转变

1. 教师作为终身学习者

突如其来的线上课程确实让大家有点措手不及，而且我们的课程没有线上教学的经验，甚至连用什么教学平台都很茫然，幸好此时学校教务处和教师发展中心陆续给广大教师安排了各种如何开展线上教学、各教学平台如何使用等一系列的线上讲座和直播课，这时我们教师就要善于做一名学习者，在短暂的时间里提高自己的学习效率，了解各种教学平台，并进行比选确定适合自己课程的教学平台。经过学习和实践操作，我们的课程“运动科技与智慧人生”选择了智慧树教学平台，同时将腾讯课堂和钉钉作为备选教学直播平台，QQ 作为交流辅助平台，同时掌握使用 EV 录屏工具录制特定教学资源。

未知的线上平台学习如此，作为教师在未来的教学中，主动学习更多的未知亦如此，所以做一名终身学习者保持终身学习的态度是必要的。

表 1 “运动科技与智慧人生”使用的教学平台

教学资源平台	教学直播平台	教学直播平台备选	教学交流辅助平台	教学录屏工具
智慧树平台	智慧树平台	腾讯课堂/钉钉	QQ	EV

2. 教师作为教学设计者

线上教学教师依然是教学活动的设计者，教师的角色行为不能再是传统地以完成教学任务为核心而展开了，而主要应围绕学生的有效学习来进行。而线上教学的难点在于学生与教师间的空间隔绝、时间错位，有效交流难度加大。那如何引导学生主动和有效学习呢？物理学家费曼说，你应该让学生——去怀疑、去思考、去交流、去提问，去从自己的错误中学习，而最重要的是在学习中获得乐趣。所以教师作为课程设计师，此时如同导演拍摄一部电视剧一般，需要每一个环节环环相扣，并环环设有悬念，而每个悬念又需要设多个任务或问题进行步步引导，学生则每次需要克服障碍完成任务，才能实现每节课的目标。这样一步步去引导远在网络那端的学生们去怀疑、去思考、想交流、想提问，逐渐来激发参与者的主动性。我们的课程在开课前已设计好教学的每个环节并确立 CBL（case-based learning）+ PBL（project-based learning）+ TBL（team-based learning）的教学模式，各学科教师均以原课程中各期成功的运动创意案例为融合点推进团队项目式自主学习，并通过设计各环节任务单与思考通用作业单配合，探索有效完成教学目标设定的教学设计模式。

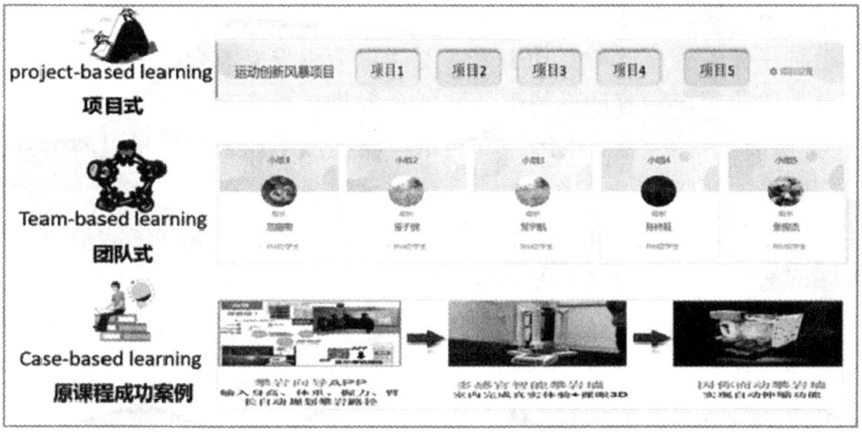

图 3 “运动科技与智慧人生”线上课程教学模式

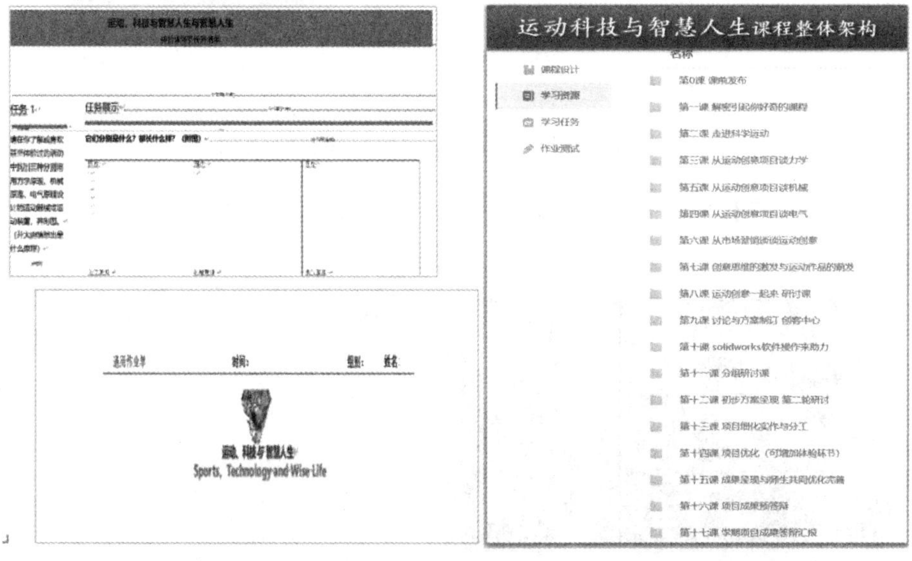

图 4 “运动科技与智慧人生”课程架构及任务单、作业通用单

3. 教师作为学习引导者

学习的主体是学生，课堂参与的主体也是学生，教师要善于组织与实施学习活动，把传授的关键知识点变成问题引领学生去发现、去求知，不断培养学生自主学习的能力；教学过程中要善于运用线上平台的多元互动功能，调动学生学习的热情，激发学生学习的潜力，只有这样才能做好学习主体的引导者，教学才会有效展开。我们的课程在此基础上更加注重课前思想与任务引导、课中互动引导、课后思考引导来有效组织教学实施。

（1）课前固定内容的思想引导和任务安排：

① 课前自检表（检查网络，并提醒学生关闭手机或计算机里与学习无关的应用，如视频下载和播放等，保证上课质量）。

② 课程目标与任务清单（通过课程目标和任务清单让学生清晰地了解本节课的教学目标，明确学习任务，保证教学效果）。

③ 课程思政（课前的家国情怀和生命教育必不可少，尤其在这个特殊的时期要保证育人为重）。

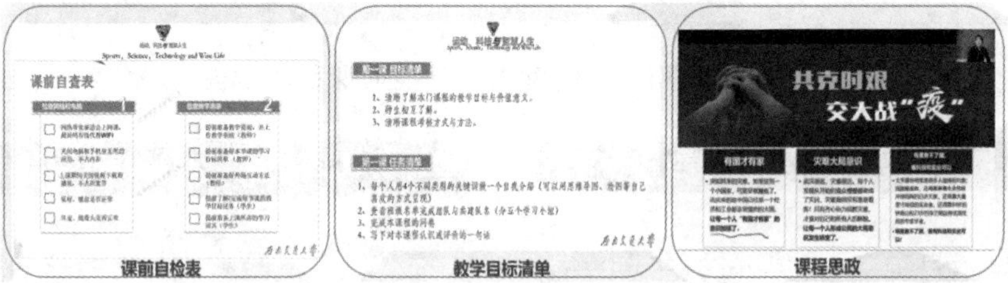

图 5　课前思想引导、学习目标与任务清单

（2）课中利用平台工具的互动引导（提醒：第一课的团建互动尤为重要）。

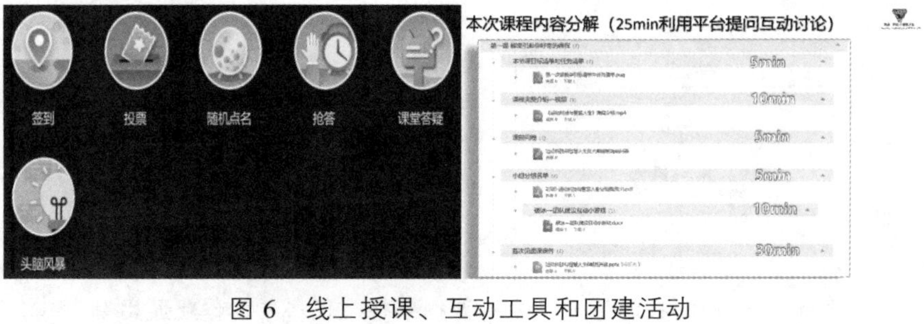

图 6　线上授课、互动工具和团建活动

图 7　小组线上团队建设

（3）课后任务、目标的思考引导。

4. 教师作为学习过程陪伴者

反馈是教学过程中的重要环节，线上教学的及时反馈更加不可或缺。作为合格的教学过程陪伴者，既要让每一个学生感受到自己是课堂的主人，又要在恰当的时候给予学生反馈、鼓励、督促与客观的、综合的评价。当然线上教学平台此时其独有的优势可以让这些随时随地地发生，同时平台详细记录着每一个学生的学习足迹，这也对多元评价体系的构建提供了保障。我们的课程使用的是 Rubric 评量体系，设有完整的评价量规（包括形成性与终结性），结合线上平台评价方式进行调整，构成了线上多元的评价体系。

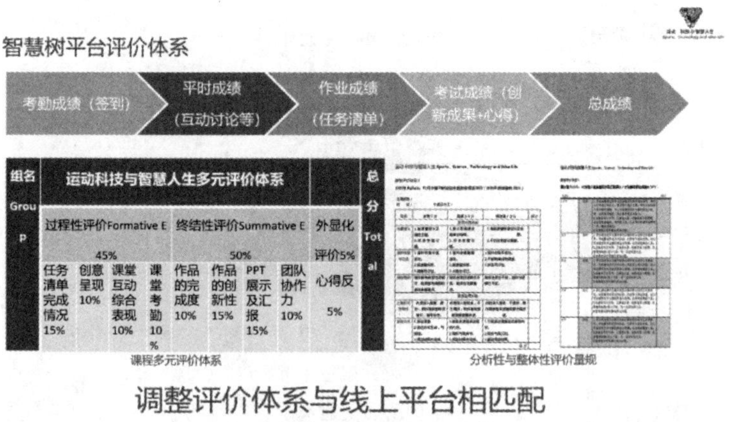

图 8　线上课程多元评价体系

评价是师生之间关于学习成效的沟通与反馈，也是师生间情感交流与互动的重要手段，对于激发学生学习兴趣、开启学生积极思维以及培养和保护学生创新思维等方面也有着重要的作用，点点滴滴的评价反馈正是陪伴学生成长的见证。

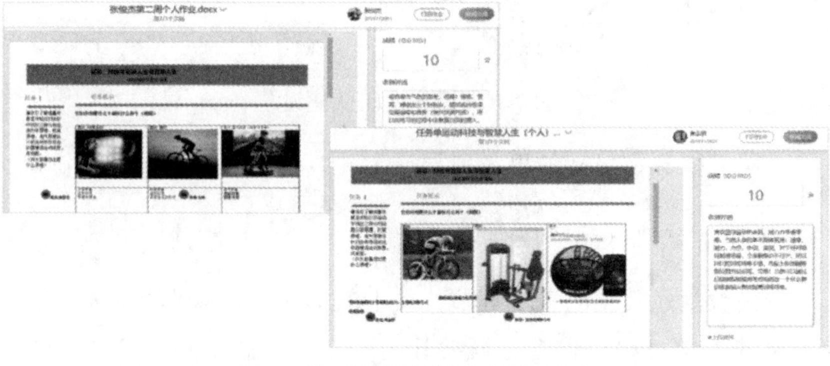

图 9　随时随地的线上评价反馈

三、学生的学习状况与学习成效

“运动科技与智慧人生”通过目前两次线上课程的初探，教师已基本掌握线上教学方法，但确实需要投入大量时间进行课程设计与建设思考；学生已适应线上授课模式，逐渐进入主动交流与小组讨论，团队完成任务的状态，通过平台数据统计、问卷与任务清单的完成情况反馈（如学生主动学习平台资源个人已达 85 次），目前学生自主学习效果良好。

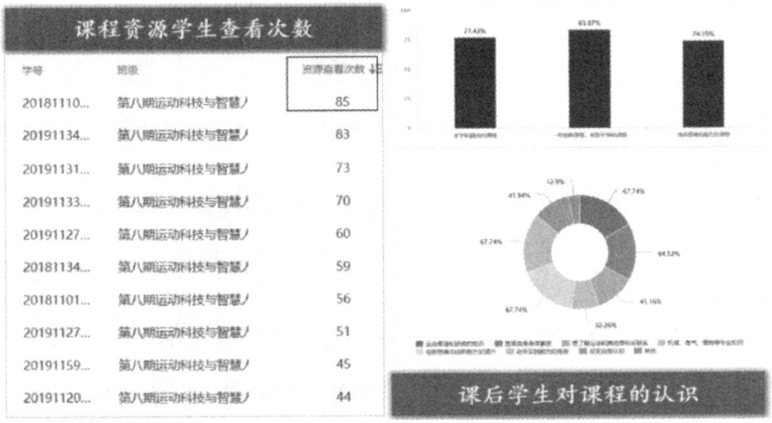

学号	班级	资源查看次数
20181110...	第八期运动科技与智慧人	85
20191134...	第八期运动科技与智慧人	83
20191131...	第八期运动科技与智慧人	73
20191133...	第八期运动科技与智慧人	70
20191127...	第八期运动科技与智慧人	60
20181134...	第八期运动科技与智慧人	59
20181101...	第八期运动科技与智慧人	56
20191127...	第八期运动科技与智慧人	51
20191159...	第八期运动科技与智慧人	45
20191120...	第八期运动科技与智慧人	44

图 10　学生主动学习教学资源频次与对课程的认识反馈统计

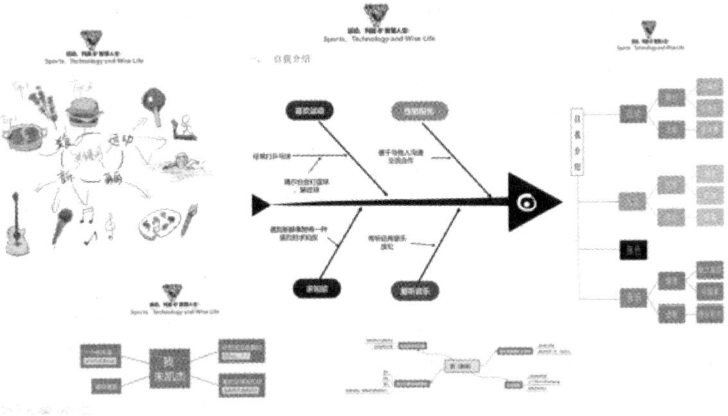

图 11　学生完成的创意作业

当以学校下课铃声结束课程时，学生将“梦回大学”“快乐”“宝藏课程”等这样的字眼弹出时，极大地鼓励了我们课程教师对上好下次线上课程的信心，也为更好地实现下节课的教学效果打下了良好的基础。当然在此也要特别感谢教学设计师王坤老师裁剪的下课铃声，感谢教学设计师群里各位老师讨论与分享的线上教学思考，共同思考会让每位教师对教学的思考逐渐深入与缜密。

四、学生对这门跨学科课程的认知

学生 A：原本以为是一门运动健身课，通过第一讲我认识到这是一门提高我们创新能力、动手能力，并且融合多个学科，提高我们综合素质的一个非常有意义的课程。

学生 B：我觉得这门课是一门“宝藏课”，可以开拓我们的视野，增强自己的创新能力。

学生 C：“运动科技与智慧人生”能调动我们探索、创新的思维，并且能在运动的同时接触更多学科的知识，跨学课的交流与融合必定会对我们的学习生涯有极大的益处。

学生 D：感觉这门课程的内容十分丰富，可以有很多平时课堂上以及平时生活中不会接触到的体验，可以学到知识在现实生活的应用，在创新、沟通、协作、动手能力等方面能得到很大的锻炼，对之后的课程有很大的期待。

学生 E：这门课以独特的方式将各个学科结合起来，能帮助学生们了解熟悉一些先进的科技，并让学生们在探索解决问题的过程中提升团队合作能力、培养创新思维。

学生 F：选这门课之前其实感觉是一门讲科学运动的课程，但是上了一讲课，对课程有了一定的了解后感觉虽然不像之前的认知，但挺喜欢这种课程的，正是我喜欢的授课方式、我喜欢的授课内容，不但可以激发学生上课的积极性，而且还能真正体会到多学科知识的应用，感觉是一个很棒的课程！

学生 G：我觉得“运动科技与智慧人生”真是一门“宝藏课程”。希望我能在这门课学到更多的跨学科知识并加以运用，向着成为一个更加全面发展的人的方向前进！

五、小结与思考

一点心得与同仁们分享：线上课程对每位教师与学生都是一个挑战，但无论线上还是线下，学习达成度的表征是相同的，学生主动投入学习中会延伸自己课后更多的时间（与课前预习时间相比），要想达到这一点，教师投入教学就必须延伸自己更多的课前时间（与课后反馈时间相比），而线上授课要保证教学的顺利开展，首次课至关重要，首次课课前与学生从形式上建立“联系”到实质上建立“连结”不容忽视。因此，每位教师可以用自己的方式延伸课前时间、课前安排，与学生建立起对课程形成共识的实质性“连结”，将有利于后续教学的开展。

我们的课程团队通过邮件给每位同学发送了“致‘运动科技与智慧人生’课程每一位同学的一封信”并将线上授课所涉及的相关内容告知每一位学生，再通过短信、电话通知每一位学生上课的信息，所以本课程开课时学生不仅全勤，而且在担心平台不稳定转向其他备用平台时，同学们都积极配合，为后续课程的开展奠定了良好的基础。

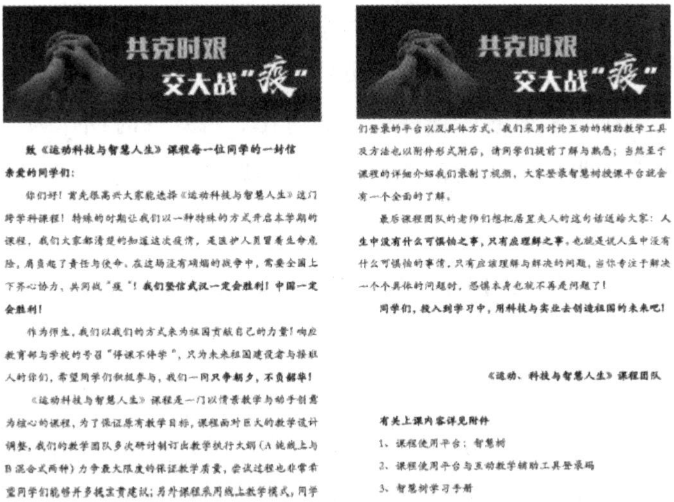

致《运动科技与智慧人生》课程每一位同学的一封信

亲爱的同学们：

你们好！首先很高兴大家能选择《运动科技与智慧人生》这门跨学科课程！特殊的时期让我们以一种特殊的方式开启本学期的课程，我们大家都清楚的知道这次疫情，是医护人员冒着生命危险，肩负起了责任与使命，在这场没有硝烟的战争中，需要全国上下齐心协力，共同战“疫”！**我们坚信武汉一定会胜利！中国一定会胜利！**

作为师生，我们以我们的方式来为祖国贡献自己的力量！响应教育部与学校的号召“停课不停学”，只为未来祖国建设者与接班人的你们，希望同学们积极参与，我们一同**只争朝夕，不负韶华！**

《运动科技与智慧人生》课程是一门以情景教学与动手创意为核心的课程，为了保证原有教学目标，课程面对巨大的教学设计调整，我们的教学团队多次研讨制订出教学执行大纲（A纯线上与B混合式两种）力争最大限度的保证教学质量，尝试过程也非常希望同学们能够并多提宝贵建议；另外课程采用线上教学模式，同学们登录的平台以及具体方式、我们采用讨论互动的辅助教学工具及方法也以附件形式附后，请同学们提前了解与熟悉；当然至于课程的详细介绍我们录制了视频，大家登录智慧树授课平台就会有一个全面的了解。

最后课程团队的老师们想把居里夫人的这句话送给大家：**人生中没有什么可惧怕之事，只有应理解之事**。也就是说人生中没有什么可惧怕的事情，只有应该理解与解决的问题，当你专注于解决一个个具体的问题时，恐惧本身也就不再是问题了！

同学们，投入到学习中，用科技与实业去创造祖国的未来吧！

《运动、科技与智慧人生》课程团队

有关上课内容详见附件

1、课程使用平台：智慧树

2、课程使用平台与互动教学辅助工具登录码

3、智慧树学习手册

图 12　致同学们的一封信

总之，新时代新形势下，教师被赋予了更多的角色，特别是跨学科课程的教学中，积极转变教师角色，才能应对各种挑战，才能保证“以学生为中心”的线上教学有效开展。

共克时艰，疫情下体育课程线上教学的实践探讨与思考

体育工作部　何江明　刘江

2020年春天，新冠肺炎牵动着每一个人的心，在这场人类与病毒的战斗中，能提高身体抵抗疾病能力，更好地防范、抵抗新型冠状病毒入侵的实践性、互动性非常强的体育课程，如何在这特殊的时期作为生力军，在线上进行教学实践是一个全新的、特别值得思考的课题。

一、疫情下线上体育课程教学实践探讨

1. 实践准备

面对此次疫情，体育部根据学校总体部署，在2月24日开课前一周对线上教学进行了分析和准备。首先，积极参与由教务处牵头、经省教育厅推向全省高校的线上讲座。其中，何江明副教授《共克时艰，疫情下大学生宅家如何进行科学锻炼》的直播讲座，参加人数超13 000人，反响较为强烈。其次，全力推送由部门教师团队前期建设的15门在线开放课程上线，开课前10门慕课成功上线。最后，对我校代表四川省参加全国大学生运动会的运动队，在疫情期间通过钉钉和微信群开展线上训练，并对体育部组织编写的居家锻炼方法内容进行总结和提炼，这些前期工作为体育课程实现线上教学提供坚实基础保障。

2. 方案设计

在前期基础上，体育部制定了体育课程线上教学工作方案，对教研室团队进行重组和构建，增加了慕课和健康超市教研室，并组织全体教师对整体教学方案反复商讨，确定了“让学生居家运动起来”的线上教学目标。教学模式采用线上慕课学习（30 分钟）+ 线上运动教学（50 分钟）+ 居家自主锻炼模式，教学内容为运动知识点 + 项目内容 + 身体素质 + 24 式太极拳，考核评价内容为身体素质。

根据确定的教学模式、内容及体育课程特点，学生线上慕课学习采用“爱课程”网——中国大学 MOOC 平台。线上实践课教学采用超星直播课程、钉钉班群、备建微信群或 QQ 群为主要平台，实施签到点名、身体练习教学、师生互动交流、运动效果监控、课后锻炼材料的推送等功能。

以教研室团队为主体，根据各运动项目特点拟定教学计划，统一制定教案；分批次推送辅助锻炼方法、内容课件。全体教师对线上教学平台进行学习和操作应用，按照开课前试课并制定预案、提前推送学生教案和运动材料，课中巡视监控，课后推送课外锻炼方法视频来开展线上教学。

图 1　方案设计

3. 实践效果

两周线上体育课程教学实践取得了良好的效果。开课第一周，在慕课平台“爱课程”网——中国大学 MOOC 平台正式公开上线的 10 门体育慕课，第一周参与学习的学生总人数达 52 196 人，学生反馈非常好。

全校四个年级 396 个教学班，3 万余名学生以线上超星直播课程、钉钉班群、备建微信群或 QQ 群为主要平台进行的实践课教学，出勤率达到 96%以上，同步推进 5 期学生居家课外自主锻炼内容效果显著。课程中签到点名、身体练习教学、师生互动交流、身体锻炼效果、课后锻炼材料的推送等方式得到了同学们的肯定。把以身体的运动为主、师生互动性交流强的室外运动移到线上进行的实践，取得了良好效果。

二、疫情下线上体育课程教学思考

面对突如其来的疫情，虽说在首次线上教学实践中取得一定的实践经验和成效，但如何将体育课程内涵的锻炼知识，身体素质、机能技能训练、社会适应（规则意识、拼搏精神、竞争协助、顽强意志）等内容落实到线上教学中，将体育这门需要教师示范、身体进行运动的课程在线上实现，这比其他理论学科的课程要求更高，更难实施。这是一项系统工程。如何更大程度进行教学内涵深挖、选择、提炼，以满足课程特征要求的教学需要，是老师们通过近期教学发现的问题，也是当下线上教学不断探索和交流的主题之一；更值得思考的是，线上教学带给我们的启发如何在今后的正常教学中进行应用，如何将信息化技术、大数据结合于教学过程中进行改革，如何将课内外运动真正结合于一体，让同学们在运动中真正达到享受乐趣、增强体质、健全人格、锤炼意志的目的。

虽说现行教学实践中的软件（钉钉、QQ 群课堂、群直播间）可以在很大程度上帮助教师进行教学设计、实现各项教学要求的基本功能，老师们也在竭尽全力采用诸如计算机和手机流量同时开启的办法保证教学顺利流畅，但线上教学存在各种被现实条件影响的问题，如学生居家运动条件的限制，网速延迟影响教师教学示范、纠错、监督，网卡无法登录，以及教师需要在短时间内迅速掌握各种新型的线上教学手段等问题，因此，如何在教学中继续保持线下身体运动的直观、活泼和灵活的优势，尽可能规避线上教学存在的局限性无疑是一个巨大的挑战，也是当下体育部老师们都在孜孜不倦进行着各项研讨和交流的主题。

从学生学习的角度看，现在的同学们对于网络使用，特别是很多直播软件的功能使用非常熟悉，这些都是实现体育线上教学的很好的基础，教师可以充分利用通过各种方式（语音、聊天区、视频）进行更好的互动性强的教学设计，及向学生推送更多的锻炼身体的方法材料，但同时，部分同学对健康、健康储备、运动的认知还不足，运动习惯还未养成，如何对此进行督促和监控是线上课程的较薄弱环节，虽然老师们想办法通过课后自主锻炼交视频作业等诸多方式进行要求，仍然不如线下运动场的教学流畅，这也是老师们线上教学不断在探索和交流的另一主题。无论是线下教学还是线上教学，提高同学们对健康和运动的认知水平、养成锻炼的习惯，无疑是体育教学不变的主题内容和目标。

总　结

通过近期对各种线上教学信息化软件的学习，线上教学整体方案（目标、模式、内容、评价）及线上课程教学的实践探索，体育部教师收获了一定的成效和经验。在此基础上，我们仍在进行不断的思考、总结、调整和创新尝试。体育课程线上教学正在有条不紊地进行中，体育部老师们在力求通过更多的团队式教研学习活动，在空中课堂搭建接近于运动场的教学，帮助学生在疫期共克时艰，提高同学们对健康和运动的认知水平、养成锻炼的习惯，在居家运动中享受乐趣、增强体质、健全人格、锤炼意志。

疫情期间特色体育课程为学生做好盾牌

体育工作部　易述鲜

遵循学校“延期开学不停课，多元教学保质量”的原则，体育部教学团队以高度的使命感和责任感，积极探索教学方式，利用“中国大学生MOOC平台学校云＋钉钉群”，辅以微信、QQ等平台方式实施网络体育教学，保持高质量地完成了教学任务。

图1　教学平台

一、2年的准备：备有15门体育慕课，搭建时空平台

为深入落实开足开齐体育课、将课内外一体化真正落到实处，完成我校的强基固本体质提升工程，体育部通过顶层设计，创新教学理念，突破传统技能学习的教学课堂、健全评价机制、落实 “体育思政”、培养学生反思与自我学习能力，拓展教学内容与途径，2 年来大刀阔斧地进行教学改革与实践创新，完成了15门慕课的制作，完成了国内首个个性化、信息化管理的课外锻炼平台——体育健康超市。所以在面对疫情之战时我们是“来必战，战必胜”的状态。

二、丰富的课程内容：慕课等教育资源集群丰富，课件制作精细

慕课程、钉钉平台的应用，积累丰富的资源集群，以及团队成员制作

专业课件的先进锻炼知识、技能是本时段教学任务实施的有力保障；团队所开发的课程，已有10门在中国大学MOOC平台上线，我校每名学生均可以注册学习（目前学习人数约3万人）。

图2　中国大学MOOC“水上生存能力的培养”等10门体育课程

三、团队协作众力，特色与责任凝集

1. 同力共谋，发挥专长，分工明确，角色互换

疫情初期体育部领导所有教学团队在教学目标、教学进度、教学内容、教学监控、教学评价等方面进行深入研讨。为保证网络授课的顺利开展，各单项教学、体育健康超市团队成员利用高水平运动员做动作进行视频剪辑、图片编辑，并积极参加我校教务处、教师发展中心的线上教学平台培训，相互测试网络授课效果，互为课程教学协同老师。

结合大学体育健康课程教学的特点，以及慕课堂“强化学生对人体锻炼原理的认知，培养自我锻炼能力，促进免疫力提升”的教学理念，对运动防护知识、锻炼方法，利用课程时段，因势利导，保证了教学质量；体育健康超市的每周锻炼计划、人体核心素质指标设计讲解，运动负荷控制、锻炼内容的视频推送又让体质锻炼效率提高。

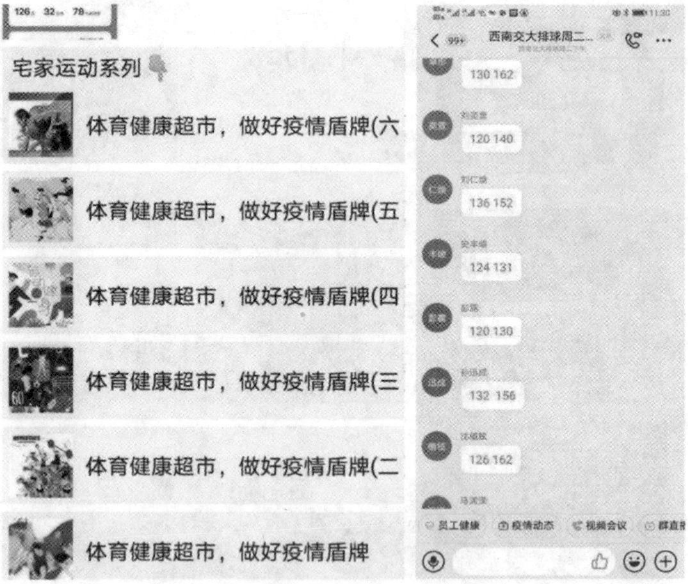

图 3　体育健康超市

2. 精心设计，步骤清晰，分层分级，要求明确

授课层次多、班级多、人数多是本团队教学最大的挑战，授课对象包括大一、大二、公共体育课、选修课、高水平训练等的学生。疫情来了既是挑战也是机遇，各单项团队通过精密准备，把课程分成三个阶段：

课前，教师明确学习目标，发布课堂执行教案任务单；学生通过钉钉群、微信、QQ 等平台了解授课信息，获取学习任务和慕课教学内容。课中，通过随机点名、表扬动作漂亮者、使用弹幕等方式与同学们互动，适时开展课堂问答，再通过同时辅以钉钉会议、微信群、QQ 群等平台，让每一位同学都能及时跟随老师的节奏进行课堂锻炼，响应和回答问题，师生交互，课堂氛围热烈。课后，通过体育健康超市推送适应居家锻炼的人体素质练习视频等拓展教学内容的资料，让学生去组长、体委处打卡发送锻炼视频、照片等手段，加强课外锻炼的督导。

图 4　基于“MOOC 学校云 + 钉钉会议”，辅以微信、QQ、腾讯会议的远程教学、体育健康超市锻炼督导过程（部分截图）

四、山鸣谷应话感悟：高效传输文件，精炼传递内容

通过两周的教学，学生们对课程满意度、学习投入性的反馈效果显著，别有一番收获，居家体育健康课完全达到教学预期。学生们反馈热情高涨，积极分享自己录制的练习小视频，提交自主学习材料，如锻炼笔记、锻炼照片、视频、心得体会等。

图 5　学生居家进行人体核心素质与各单项专门性素质练习（部分截图）

先进制造技术线上教学新体验

——工程训练实践教学

工程训练中心

遵循学校应对疫情防控工作的要求，工程训练中心依托现有教学条件和课程资源，利用雨课堂，辅以 QQ 等在线教学平台，积极探索工程训练线上教学新方式，制定了“安全知识考试、线上课程预习、课程录播 + 直播、网上答疑、学生返校集中实习”的教学模式。先进制造技术教学部积极践行这一教学新模式，拓展思路，发挥老师的创造力，为完成工程训练实践课程线上授课的教学任务进行了多方探索。

在工程训练中心的统一规划下，先进制造技术教学部 7 门实践课程第一时间开展线上教学，经过一段时间的教学，不断总结经验教训、完善教学过程，努力提高实践课程线上教学质量。

一、精心设计教学方案

首先确定线上教学安排哪些内容，再根据内容的多少、重要性确定课前、课堂、课后的内容安排与时间分配。其中课堂内容 60 分钟左右比较合适，分多段进行，每段 10 ~ 20 分钟比较合适，每段里还可以根据知识点再分段。上课形式多样化，不设统一标准，各课程可以提前录视频做成手机课件发布，也可以直播。以激光加工为例，课前认真做好教学方案，并在教学过程中不断总结和完善。

表 1　课前充分准备

阶段	内容	形式	要求	分数
课前	激光加工及作品展示	视频课件	课前自主观看	0
（预习）	激光加工基本知识（激光的产生，激光器与光路，激光加工特点、分类与应用）	视频课件（含练习）	课前自主学习	2
	软件安装与基本操作	视频课件（含练习）	课前自主学习	1
课堂	课堂准备（10～15 分钟）	语音测试、投票	签到	2
	内容和安排简介（1 分钟）	PPT 投屏＋语音		0
	预习情况说明（2 分钟）（练习题讲评）	语音		
	切割加工 1（2＋15＋5 分钟）	视频课件＋练习画图	课堂内按时学习＋投稿交作业	1＋2
	（切割简介，设备介绍，软件基本操作，练习）	课堂练习＋答疑	答题＋随机提问	2
	切割加工 2（1＋15＋5 分钟）	视频课件＋切割设计练习	课堂内按时学习＋投稿交作业	1＋2
	（切割流程介绍，切割设计案例讲解，练习）	课堂练习＋答疑	答题＋随机提问	2
	雕刻加工（2＋15＋8 分钟）	视频课件＋雕刻设计练习（QQ 屏幕分享演示）	课堂内按时学习＋投稿交作业	2＋2
	（雕刻介绍，雕刻设计案例讲解与演示，练习）	课堂练习＋答疑	答题＋随机提问	2
	工艺分析（1＋15 分钟）（工艺概述与工艺参数分析）	视频课件＋课堂练习（语音布置）	课堂内按时学习＋答题	1＋1
	课堂总结，课后任务布置	PPT 投屏＋语音		0
课后	作品设计要求 设计作品	视频课件 QQ 群提交作业		
	试卷			12 分

每次课程的课堂时间为两节课，采用“录播 + 直播 + QQ”的上课形式，可能出现的状况不可预料，需要做好充分准备，准备时间可能比课堂时间还长得多。

（1）通过微信群进行集中备课，同组老师课前相互测试体验，课后进行经验交流，总结不足，进行信息共享。

（2）课前准备一份课程进度清单，上课时按清单逐项进行，可以避免课堂临时出状况后忘掉设计好的环节。

（3）上课前 1 ~ 2 小时进行设备和课堂测试，确保设备在上课时能正常启动。用一个手机和微信作为学生端来完成测试，也用来进行课堂跟踪。

（4）发挥 QQ 群的辅助教学功能，催促学生进雨课堂班级、完成预习内容、进课堂签到、课堂环节提醒、课堂互动答疑、课后答疑等都可以借助 QQ 群来完成。

（5）学习资料的发布要配合 QQ 群通知。学生现在线上学习任务多，容易混、忘、紧张，发布资料时需要适当注意，比如资料名称最好能包含预习、课堂、课后等提示性的文字。资料发布时间建议按阶段分开，预习内容可以适当提前，多给学生时间；课堂内容临近上课发布；课后内容课堂快要结束时发布。发布资料时，除了设置截止时间，还可以设置发布时间，所以可以提前操作，避免临时因网络问题影响发布。另外，学习相关内容在 QQ 群最好也发一份备用。

二、课堂环节多样化

不管是提前录视频还是直播，课堂环节都需要多样化，不能只有单调地看视频课件或听老师讲内容。每 15 分钟左右要点总结、答疑、练习等形式，让学生始终在课堂上跟着老师的节奏走。还可以穿插随机点名、投票等方式，提高课堂活跃度，尽量加入一些课程思政的内容。

选择的教学平台是雨课堂，QQ 群作为辅助教学工具，两个工具可以都用上，取长补短，有其他合适的工具也可以用，但最好不增加学生负担。

雨课堂的课堂签到、语音直播、PPT 投屏、投稿投屏、练习题推送等功能比较好，教学效果也好，并能记录数据；QQ 群的实时文字互动、@全体、分享屏幕（目前比雨课堂流畅得多）、作业等功能比较好。

图 1　课堂互动

三、课后分析总结

成绩统计结果需要课后第二天发布，课后应按时完成该项工作。发布后会有部分同学对成绩提出异议，需要按实际情况妥善处理。

课后分析总结是非常有必要的，哪些环节不够合理、哪些方法比较有效等都需要及时总结，并用在下一次课的准备中。例如：第一次激光加工课没有给学生演示软件，效果不够理想，第二次就增加了这个环节，并把软件基本操作单独录视频后放预习内容中；第一次课学生都在 QQ 群里发图形设计的截图，既不好统计，也不好要求学生，第二次就增加了课堂截图投稿和课后截图交作业环节，效果明显改善。

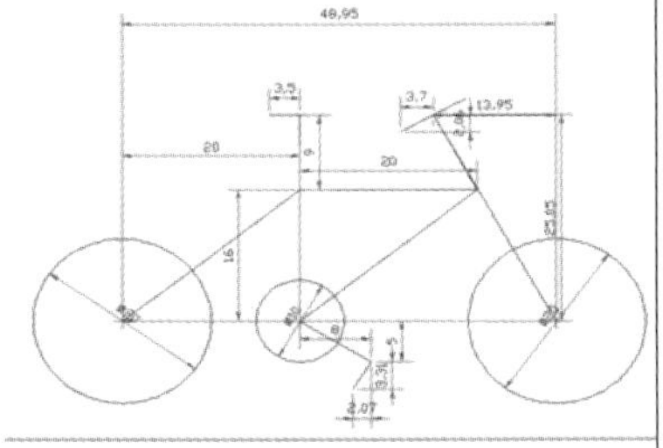

```
O0001;
N10 G54G90;
N20 M03S2500;
N30 G00Z50.;
N40 Z5.;
N50 G01Z-0.5F50M08;
N60 G01X20.Y16.F500;
N70 G00Z5.;
N80 G00X11.3Y23.;
N90 G01Z-0.5F50;
N100 G01X18.7Y27.F500;
N110 G00Z5.;
N120 G00X15.Y25.;
N130 G01Z-0.5F50;
N140 G01X29.0Y0;
N150 G00Z5.;
N160 G00X20.Y16.;
N170 G01Z-0.5F50;
N180 G01X0Y16.F500;
N190 G01X-20.Y0;
N200 G01X0Y0;
N210 G00Z5.;
N220 G00X-3.5Y25.;
N230 G01Z-0.5F50;
```

图 2　部分学生设计作品

四、教学感受

线上教学每次课堂虽然是 2 节课，但课外可能是 4 节课、8 节课甚至更多的付出。不过看到学生们都在努力学习，有时候因错过了一点内容或一个环节而发很多条信息找老师说明情况，也看到同学们上完课后交的作业比线下更丰富多彩，感觉辛苦一点也是值得的。

作业在线提交与批阅利器，你知道吗？

——QQ 群作业功能使用交流体会

土木工程学院　江南

一、我的课程信息

表 1　课程信息

课程名称	建筑力学2
任课教师	江南
课程性质	必修
线上教学平台	中国大学MOOC+腾讯课堂+慕课堂+QQ群
线上教学形式	MOOC+直播
课程类型	专业课（专业基础课）
选课人数	51
开课年级	2018级
面向专业	景观
学　分	2

二、使用作业功能的原因

在疫情期间，要做到“停课不停学、学习不延期”，课堂教学需迅速由线下调整为线上教学，为确保线上教学和线下课堂实质等效，对一线教师们提出了不小的挑战。“建筑力学 2”作为一门专业基础课，具有作业量大的特点，如何按时收取学生作业并及时批阅、反馈是影响学生线上学习体验的重要一环。

基于已建课程 QQ 群的情况，欣喜地发现 QQ 群中的“作业”功能，能较好地实现作业的收发，功能的实时性、交互性，使得师生双方体验感都非常好。

三、作业功能的安装

（1）安装最新版的 QQ。

（2）打开 QQ 群聊天窗口，点击右上方的【设置】。

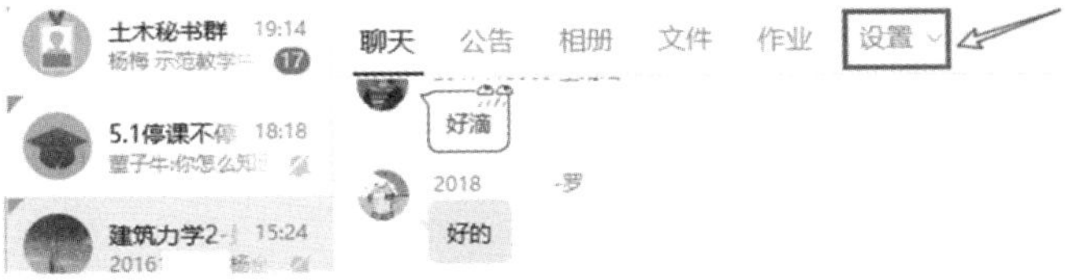

图 1

（3）在打开的窗口中，拉到最下面，找到【聊天面板】，选择【作业】。

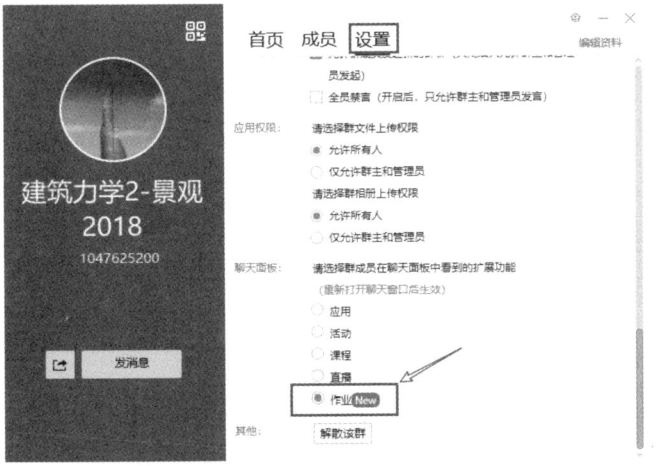

图 2

（4）回到聊天面板，就可以看到【作业】了。

图 3

四、布置作业

（1）点击【作业】，再点击【布置】。

（2）输入作业内容后，勾选“需要学生在线提交”，点击【发布】，学生就可以以文本或图片的形式上传作业了；如果有多个教学班需要布置同样的作业，可以选择“同步到我的其他群”。

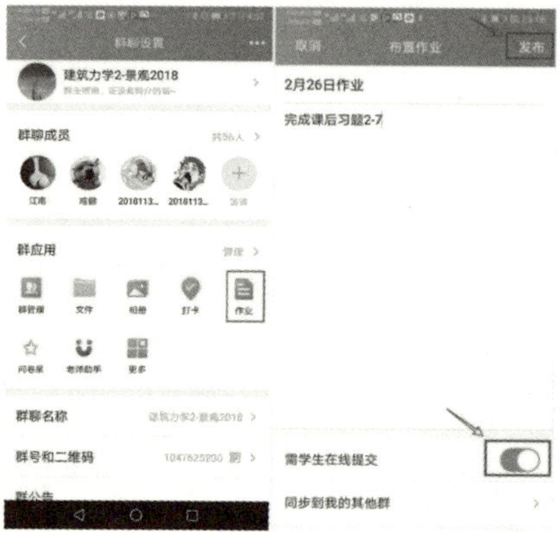

图 4

五、查看及批改作业

（1）打开【作业】，按日期查看【我布置的】，可以看到已完成的人数。

（2）点击【n 人已完成】，可以查看作业完成的详情。

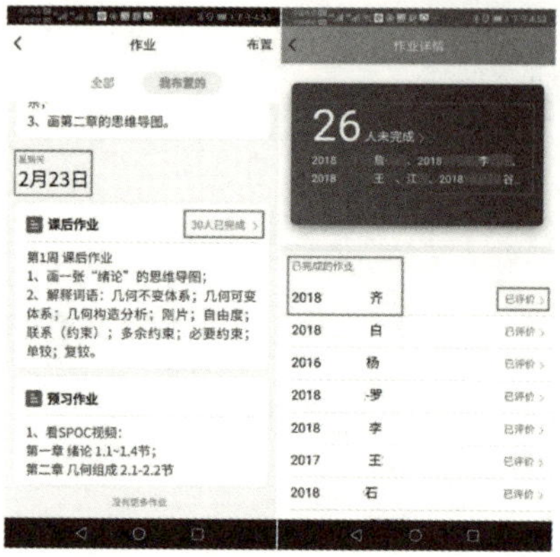

图 5

（3）已完成的作业，点击右侧按钮可进行批阅。评定等级在“A+、A、B、C、D”中选择，评语可以采用文本或语音两种形式，最后点击【发布评语】即可。

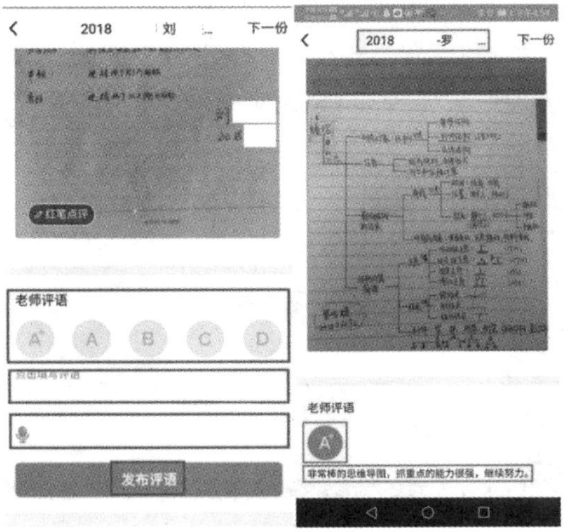

图 6

（4）学生实时收到老师的评语，根据评语可选择 QQ 私信与老师沟通。

（5）未完成作业的同学，教师可以一键提醒。

图 7

六、教学效果的提升

由于作业能及时提交与批改，在下一次上课之前，教师能完全掌握本次作业中学生的一些共性问题，在后续课程中及时强调，有效杜绝错误的重复率，并可展示优秀作业，激励强者更强、弱者努力加油。

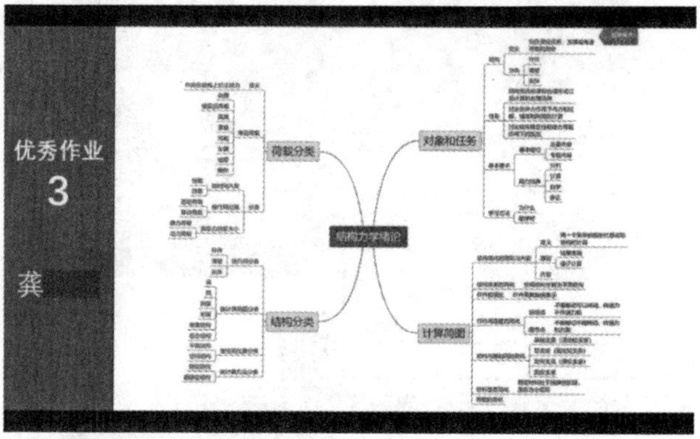

图 8

特别记录全面梳理：复盘

特殊时期特别意义的教与学记录

——西南交大“战‘疫’师说”专栏如是说

党委教师工作部（教师发展中心） 唐秀军　梁慧颖　杨光

“停课不停学、学习不延期”，学校关于在线教学的各项工作安排，让师生们无处安放的战“疫”热情，汇成了居家战“疫”的滚滚洪流。2 月初，学校相继发布《关于做好 2020 年春季学期本科课程线上教学培训工作的通知》和《关于做好 2020 年春季学期研究生课程线上授课技能培训工作的通知》，交大老师们开启了紧锣密鼓的在线教学准备工作。为全力打赢这场疫情防控战，配合全校在线教学顺利开展，解决一线教师在线上教学中遇到的问题与困难，党委教师工作部（教师发展中心）发挥国家级教师教学发展示范中心平台优势，按照学校统筹安排，联合教务处和研究生院，及时为全校教师编写在线教学平台使用指南，发布在线教学系列培训资讯。为给教师搭建探讨交流平台，在教工部网站和微信公众号开设“战‘疫’师说”专栏，以记录战“疫”期间云课堂的教学片段，聆听师生们的教学故事。教工部与各学院一道，精心组织教师围绕教学目标实现和在线教学质量提升进行深入思考，广泛征集教师的在线教学建设心得和课程思政建设思路。2 月 24 日，学校以线上教学形式如期开学，全校师生在云课堂开始新学期的教学工作，众志成城、共同战“疫”。

一、交大“师说”精彩纷呈 其意立现

此次“战‘疫’师说”（简称“师说”）栏目得到了全校各学院教师的积极响应，截至目前，专栏共收到来自全校 24 个教学单位的 31 篇稿件，全部刊发。来稿的有国家级教学名师、国家级精品课程负责人、教育部教学指导委员会委员、金课建设教学团队、教务处教学设计师、教学竞赛获

奖者、各学院的教学明星以及其他教学一线的老师们。他们中既有本科生课程教师，也有研究生课程教师；有中文授课教师，也有全英文授课教师；有文化课教师，有体育课教师，还有跨学科课程授课教师。

图 1 “西南交大教师工作部教师发展中心”
微信公众平台推送“战‘疫’师说”文章剪影

每一篇“师说”，都始于“以学为中心”的教学理念和对课程教案的精心设计，成于课程教学后的反思。老师们结合授课情况，对线上教学过程的设计、学生关注度的提升、学习效果的保证、线上活动怎样有效开展、如何充分利用大数据等问题进行了深入思考与实践探索，在“师说”栏目中各家争鸣，畅所欲言，给出了富有启发性和推广性的建议，将教学细节和反馈的作用得以最大发挥。还有老师的视角聚焦于某个专题，针对作业批改、师生互动、师生情感交流、提升学生“具身性”、设计实践类课程的过程控制等展开解读。他们将自己潜心教学学术的教学研究成果付诸笔端，从教研论文的深度和高度阐述着自己对于教学，尤其是在线教学的见解。

每一篇“师说”都刻印着作者的教学风格、人格魅力以及深厚的教学积累。翻阅每篇文章，如同直面这位教师进行精心教学组织与课后反思的教学经历。在这里，你能够品味到文科的清新隽永与灵秀扑面的从容，理科的逻辑严谨与言辞不苟的大气，以及交大传统优势学科专业的大开大阖与百年积淀的匠心。

战“疫”当前，如何将思政元素、将交大师生的精神面貌和爱国情怀融入专业学习之中，老师们做出了不少创新性的行动。他们以此次疫情为切入点，教导学生励精图治、砥砺前行，树立远大的人生目标。有老师精心设计绪论课，教导学生在学习路上努力做到悟道、志业、释惑。在医学专业课上，授课老师将我校附属医院援鄂医疗队驰援武汉抗疫第一线的事迹融入其中，让同学们进一步树立了未来医生的责任感、使命感与国家荣誉感。

相比课堂教学而言，线上教学过多的不可控因素为有序教学带来了难度。如何利用网络资源优势保证教学质量，是所有教师关注的焦点。老师们充分发扬攻坚克难的精神，细化教学过程，严格把控各阶段的教学进度，将学校推荐的四家教学平台与腾讯课堂、钉钉、ZOOM 等新媒体教学形式相结合，最大化保证直播的教学效果。除此之外，来稿教师不约而同提到了课程反馈的具体实施问题，还有学生自治、主动学习、角色互换等建设性意见，为实施更稳定的教学过程，实现良好教学效果提供了可供参考的方案。

疫情还未击退之际，在线教学期间的学生身心健康情况是广大教师关心的重点之一。“戴口罩”“勤洗手”“不聚堆”“不出门”成了每节网课的必备叮咛。面对集体活动的缺失和线上学习带来的孤独感，老师们正向引导学生，注重关注学生的心理情感，以丰富的专业知识激发学生的学习热情，建立畅所欲言的学习小组，这一系列方式为学生树立学习信心、促进学生心理健康起到了积极作用。“一个个战‘疫’的云课堂，都是生动育人的思政课堂”，我校“形势与政策课”SPOC 教学团队这样说。

二、交大师生共克时艰的教学记录

每一篇“师说”，都少不了课间师生互动。在线上，每一位教师化身“十八线主播”，使出浑身解数吸引学生的学习热情与注意力来弥补线上教学的不足，都在成为脱口秀演员和段子手的道路上越走越自信；举手、抢答拼手速和网速，学生戏称比“双十一”抢购还难，同时，也在这样热闹有序的网课中收获着专业成长。

翻阅“师说”，会遇见这样的感动与体悟：马克思主义学院刘晓玲老师在《从心开始，整装再出发——线上教学感悟》的文章中讲述着她对有心人的致敬：“如果疫情是我们面临的残酷寒冬，那么可爱的人们犹如暖阳带来春的希望。在我的课堂里，有家里停电，为了按时上课跑到高耸入云的山峰寻找信号的你；有家里没有 WiFi，询问是否需要将共享课全部学完，想节省流量，开学返校继续学习慕课视频的你；有生病住院却坚持说不能缺课，能听多少听多少的你；还有被大雨困在山中，到家已经下课了，前来询问补课的你。有的老师远在挪威，为了准时上课，需要早上 5 点起床准备开课；有的中年老师不太熟悉软件操作，耐心与年轻教师询问每一个模块的使用技巧……相信还有很多无数可爱的你们正在努力着，行动着”。力学与工程学院“材料力学课程组”在《材料力学慕课开课日记》记录了这样一个故事：张娟老师耐心帮助学习有困难的学生，努力使他们不掉队，3 月 7 日 20:12—23:18，她在线耐心指导一位学生，终于使其按时完成了本周作业。电气工程学院葛兴来、邱忠才等 9 位老师组成的“电机学”教学团队解析了团队如何通过有针对性的教学设计，促进学生高效学习并有效保证电气专业“四大天书”之首课程的线上教学质量的故事。公共管理与政法学院杨一帆老师同本科生潘君豪等一道，针对疫情期间网课新场景，分析论证了数字新青年养成过程中，教师应自觉打造一个个昂扬向上、鲜活生动的教学 IP，主动尊重数字新青年的时代特质，融入新时代元素，躬下身来潜心做好教学的“内容升级”，形成真正有效的高质量教育供给。生命科学与工程学院万军老师细述线上教学中的师生情感交流之后，有感而发了一篇名为《疫中学》的小诗。

疫中学

中华大地疫情急，全民参战抗毒侵。
交大师生报国恩，网络课堂学海拼。
卡顿掉线急煞人，静心处理师德心。

师生虽然不相见，同心协力渡难关。
激情满怀道教程，为人师表不怠倦。
学子家中受教忙，满腔充盈报国情。
前方捷报喜讯传，病魔消亡终有时。
待到举国回春日，师生欢见庆胜利。

线上教学课程的背后凝结了每一位授课老师翻以数倍的工作量与投入以及从未消减的教学热情与认真负责。

图 2　山上寻找信号的这位同学发了一个状态："谁的课桌有我大！"
摘自刘晓玲老师《从心开始，整装再出发——线上教学感悟》

三、结　语

记录本身就是一种力量。"师说"栏目一经推出，便收到了来自学生和老师们的热情关注，前 28 篇文章在网站和微信平台的阅读量达到 15 000 余次。同学们纷纷到老师们的文章下面点赞、留言，述说自己对老师教学方式的赞赏、对课程的喜爱、对老师录制慕课的呼吁，还有对校园的想念。老师们对教工部搭建的"师说"平台给予了充分肯定，他们在此平台深入探讨在线教学遇到的挑战和总结的经验，相互启迪思路，共同期待战"疫"胜利的时刻。有老师从同行角度与"师说"者进行教学理念、教学方法和实施过程等方面的探讨；有老师说自己要像其他"师说"者一样，对教学从道与法的层面进行思考与研究，而不仅仅停留在具体技术层面；还有学院资深教授在留言中对年轻老师进行勉励与肯定，这种"传帮带"的温情能更好地鼓励老师继续前行……值得一提的是，老师们的"师说"受到了国内高校同行的广泛关注。土木学院江南老师《作业在线提交与批阅利器，你知道吗？——QQ 群作业功能使用交流体会》被"高校教师服务工作室"公众号收录转发；蒋雅君等老师合写的《探索"互联网 +"时代的教学新模式，构建学生主体的线上学习社群》被超星教师发展中心借鉴，以《西南交通大学“地下建筑学”在线课堂——基于 SPOC 模式改进的教学模式》为题发表。

“万人操弓，共射一招，招无不中”。“战‘疫’师说”以满满的交大正气，与师生同行，记录着这段特殊时期教与学的故事。

（来源：西南交通大学新闻网）

坚守本科教育教学之初心
深入推进高校课堂教学改革

教务处　朱石磊　崔凯　代宁

开始新冠肺炎疫情防控以来，西南交通大学深入贯彻习近平总书记关于新冠肺炎疫情防控系列重要讲话精神同时坚决落实党中央关于疫情防控各项决策部署，把守护师生健康和生命安全放在第一位。对于教育部和四川省教育厅的相关要求，教务处坚决执行，始终坚持“抗疫一线”和“教学一线”双线作战，切实做到“停课不停教、停课不停学”，高质量推进本科生线上教学工作开展，在确保教学平稳有序和“线上教学与线下课堂实质等效”的基础上，以在线教学为抓手，深入推进高等教育“课堂教学改革”。

2020 年春季学期，西南交通大学本科生理论课程开课教学班 3 258 个，根据课程实际，选择线上教学的 3 042 个，占比 93.4%；参与线上教学教师人数 1 873 人，参与率达 98%以上；院、校级教学检查督导 4 147 次，基本做到课程全覆盖；线上课程涉及学生 22 168 人，除毕业生年级［毕业年级本学期除个别专业外只有毕业设计（论文）课程］和因网络环境、设备条件等因素不能参与线上学习的同学外，其余学生均完成线上学习课程，学生参与率达 99%以上，线上教学满意度调查在 90%以上。2020 年春季学期，教学任务顺利完成。

在线上教学期间，教务处在教学管理方面强化以下八个机制，以确保线上教学平稳开展。

一、提前布局，系统规划，建立统筹组织机制

加强组织领导，周密部署安排。面对疫情防控的严峻形势，学校牢记

育人初心，迅速成立由校领导牵头的疫情防控期间本科教学工作领导小组，统筹负责学校疫情防控期间教学工作。领导小组及时发布《关于做好 2020 年春季学期开学阶段本科教学有关工作的通知》，明确了特殊时期本科教学工作的基本原则和总体要求。

提前制定方案，科学安排教学工作。教务处提前发布开学补考调整紧急预案、参与制定延期开学教学规划方案（该方案被四川省教育厅引为典型线上教学工作方案并在全省高校范围内予以推广，得到了省内兄弟高校的一致好评）。同时，教务处基于防疫阶段本科教学实施方案整体框架，按照分类指导、分步实施、有序推进的原则，有的放矢，从教学单位、任课教师、学生三个层面，分别提出具体要求、具体举措、具体步骤，系统地对本科教学管理和运行进行了全面的部署和安排。

二、发挥技术优势，建立健全教育教学即时响应机制

线上教学初期，教师、学生分处五湖四海，之前并无交集，线上教学平台多达数十种，使用方法不尽相同，如何组织师生在“云课堂”上顺利的“教”与“学”是最大的问题。教务处建立多重渠道，及时为师生采集和发布教学相关信息。在线上教学期间，教务处为调整教务信息平台发布线上教学课程表，相继开发了“线上教学信息采集发布服务平台”“教学周报填报统计系统”“课程线上教学指导与检查信息”“补考通过后退课申请平台”“线上考试信息采集发布管理系统”“线上缓考申请平台”等，确保线上教学期间，教学信息传达的通畅性和实效性。针对学生反馈问题，教务处开通了教学运行反馈 QQ 群，建立了当天汇总、当天反馈的即时反馈机制。该机制可确保学生的问题第一时间反馈至相关教学单位，便于跟进各教学单位整改落实情况，形成持续改进的完整闭环，累计服务学生超过 20 000 名。教务处始终坚持与各教学平台密切联系、及时反馈，督促平台改进，各教学平台不断升级，为师生提供最优教学环境。通过以上机制，有效地解决了线上教学期间，校、院、师、生沟通不畅、联络不及时、信息不对等的难题。

三、内外协同，建立教学服务保障机制

全面开展教学培训，精细化提升教师在线教学能力，保障教师线上教学质量。开学初期，教务处组织教师培训 4 000 余人次，针对不同的线上教学平台开展全方位、全角度、全过程的在线教学培训。制作各平台使用手册，罗列各平台功能，总结各平台优缺点。手册中详尽的信息为教师根据课程特点、教学手段、教学习惯等因素，选择教学平台提供参考和建议。另外，教务处根据不同需求的教师提供分层次、分阶段、分类型的培训课程，针对授课期间，教师反馈的高频关注问题邀请专家进行专场讲解，精细化提升教师在线教学技能。

开展“云工作坊”，提升教师教学效果。在线上教学期间，多次建立“云工作坊”，组织“教学设计师”围绕在线教学中教师关注的问题进行研讨，提出关于疫情防控期间在线教学建议，更好地指导教师开展教学工作，持续提升教师教学质量。

本科教学博士生助教保障。创新本研贯通培养模式机制，深入开展研究生本科教学教辅实践。疫情期间，教务处开展博士研究生线上教学辅导遴选机制，在开学第一周，研究生助教如期上岗，协助授课开展线上教学。为确保研究生助教顺利开展线上教学辅助及技术支持工作，教务处根据不同教学平台，制作了各教学平台的助教操作手册，引导研究生助教在上岗工作前认真完成学习，尽快掌握平台使用技能。

协调组织管理，做好后勤保障。在线上教学开展初期，为解决部分教师线上教学设备不充分问题，教务处协调建立线上教学直播教室，落实直播教室管理使用制度，组织设备使用培训。

四、规范管理，建立线上教学运行管理机制

严控过程，紧抓线上教学管理，做好教学巡查工作，线上教学零事故。线上教学期间，教学组织严格执行“依教学日历、教学不延期”的要求。学院和任课教师严格遵守教学管理规定，做到有事早报备，教学运行调度工作全部采用线上办公形式进行。2020 年春季学期期间，累计办理线上教学调度事件 246 起，教学零事故。建立线上教学巡查制度，组织巡查人员不定期对“云课堂”进行线上巡查，保证课堂教学质量。

建立教学周报数据填报平台，及时掌握全校本科生线上教学情况。为全面了解掌握全校本科生每周教学情况，建立了教学周报数据填报制度和周报填报平台。每周课程结束后，各教学单位在平台上及时报送本单位线上教学情况，包括开课门数、开课教学班数、出勤人数、出勤率低于 80% 的教学班数、出勤率、院级督导停课次数以及相关支撑材料。教务处定期分析核查数据，根据数据反馈的情况，及时与教学单位沟通，实时掌握线上教学情况，及时调整线上教学策略。

全面摸排，学生线上学习情况精细管理。利用技术手段，采集教学平台数据，分析学生学习行为，全面了解学生学习现状，实时发布学习策略。排查因各种原因不能按期进行线上学习的学生，因人而异地制定解决方案，确保每一位同学不会因“疫情”而掉队。

五、注重实效，建立师生教与学双向体验和成效反馈机制

坚持问题导向，密切关注师生教与学双向体验和成效。一是以调研问卷形式广泛开展教师和学生线上教学和学习意见调查。教务处在线上教学的不同阶段，发布多套调查问卷，设计问题 40 余个，共收回调研问卷 7 101 份，其中教师 776 份，学生 6 325 份。二是开展学校院两级调查，针对自身特点和实际情况，各教学单位以调查问卷、任课教师或辅导员回访等形式，开展调查工作，广泛听取师生意见和建议，及时调整完善方案，改善师生线上教与学体验及保证教学效果，参与调查学生人数 14 000 余人。同时，向各教学单位和管理人员广泛征询意见，其主要问题体现在平台崩溃、卡顿和网络拥堵，在课程方面也存在一些问题，主要体现在电子教材较少、课程资源分散、作业提交方式复杂、部分课程互动偏少、答疑不及时等。针对线上教学的问题，教务处进行分类汇总，进行针对性的一一解决。在学生学习体验方面，学生学习满意度问卷调查中，满意率为 96.6%。

六、多边入手，建立线上教学质量保障机制

建立健全线上教学质量保障机制，从以下四个方面确保“线上教学和线下课堂实质等效”。

第一，坚持学生中心，制定评价指标。学校依据现有的以“学”为中心的本科教学质量保障体系，以教学设计、学习科学等理论为依据，以促进“学生的学习与发展”为总目标，基于“促进当前、着眼长期”原则，初步建立了包含教学策略与设计、课程准备、交流互动、学习支持、学习状态等方面的线上教学质量评价指标，面向学校和教学单位重点建设在线课程，促进学校线上“金课”和线上线下混合式“金课”建设，保障在线开放课程质量，形成交大特色。

第二，强化校院两级督导，保障教学效果。以西南交通大学五维度课程教学目标为导向，制定本科课程线上教学督导工作方案，启动线上教学检查指导工作。学校教学质量保障工作委员会牵头，组织学院安排 333 名专家对春季学期线上教学课程开展全面检查，充分发挥教学管理人员、教学评估专家团队、教师与学生等质量保障各方主体作用，完成线上教学质量的评估、反馈和指导。

第三，开展教学巡查，保证教学安排。学校利用线上教学平台后台数据分析对线上教学班进行不定期巡查，及时掌握线上教学的基本情况。对于线上教学数据异常的教学班，学校联合教学单位进行及时密切的关注，同时以旁听身份进入线上教学课堂。

最后，搭建检查系统，确保及时反馈。学校开发并启用“课程线上教学指导与检查信息提交系统”，发布操作指南，及时将检查信息反馈到相关教师和学院，促进教师不断改进教学，同时便于学校掌握全校情况，以及时制定相应措施、调整服务策略。

七、多措并举推创新，发挥示范效应，强调示范引领机制

发布优秀典型案例，发挥示范引领效应。自线上开课以来，为引导广大师生有效开展线上教学，教务处牵头遴选了一批在教学设计、教学效果和学生评价等方面比较突出的案例，分 37 期推送了由 16 个教学单位推荐的 75 个优秀案例，供全校一线授课教师参考和借鉴；同时为展现“线上教学成果”，教务处牵头征集了一批线上教学优秀作业案例，分 6 期推送了来自 12 个教学单位的 23 个优秀作业案例，供全校学生学习。优秀教学案例和优秀作业案例的推广，在全校范围内形成了很好的示范效应。

打造线上教学范式，分享兄弟院校，发挥标杆效应。线上教学期间，教务处向教育部、四川省教育厅、OICQ 联盟高校分别报送了线上教学开展优秀案例，同时向兄弟院校分享了线上教学经验，得到一致好评。教育部高教司吴岩司长对我校在线教学质量保障工作高度认可，并将我校的相关做法在2020年4月召开的高校在线教学国际平台课程建设工作视频会上作为典型案例进行了分享。

八、助力抗“疫”，落实社会服务机制

勇担社会责任，开放线上资源。学校积极响应党和国家的号召，在保障学校本科教学工作的有序开展的情况下，主动调整学校在线开放课程开课计划，在中国大学 MOOC 平台推出 100 门精品在线开放课程，面向全社会开放，充分发挥“互联网＋教育”资源作用。学校开展“阻击战‘疫’中的责任与担当系列行动”，陆续推出“慕课篇”“思政篇”“心理篇”“体育篇”“美育篇”“二三课堂篇”和“双创教育篇”，立足师生、面向社会推出思政、心理、健康等线上讲座。

开展疫情防治心理服务。充分发挥全国心理健康教育与服务的专业优势，及时开放心理健康精品在线开放系列课程，为全国师生以及社会人士普及心理健康知识，增强应对疫情的心理防护能力。

整合优质资源，发挥示范辐射作用。充分发挥学校作为四川省高等教育学会课程建设研究专业委员会秘书处的影响力，统筹协调四川省省内高校线上教学课程资源及时面向社会开放，供全国高校开展线上教学使用；打造《川越课堂——四川省普通本科高校战“疫”行动文集》，编撰《四川省普通本科高校在线教学质量报告汇编》，记录经典案例，总结优秀做法，培育优秀成果，实现经验共享。

“我们再也不可能、也不应该退回到疫情发生之前的教与学状态。”教育部高等教育司司长吴岩如是说。教育部将会把此次大规模在线教育教学的一些生动实践转化为疫情结束后教育教学改革的重要举措，形成包括思想、理念、内容、方法、技术、标准、评价、范式等在内的一整套改革方案，以“学习革命”推动“质量革命”向纵深发展。在后疫情时代，现代信息技术全面深度融入课程教与学的线上线下混合式教学、翻转课堂等将成为高等教育趋势。